编写组成员

主　　编：荣敦国　上海商学院
　　　　　王　海　上海商学院

副 主 编：邱　俊　上海市体育科学研究所
　　　　　徐　斌　上海商学院

编写人员：张庆文　上海体育大学
　　　　　王德新　上海体育大学
　　　　　张　杰　东华大学
　　　　　张焕琴　上海立达学院
　　　　　蔡金兴　上海商学院
　　　　　徐芦荻　上海商学院
　　　　　毛　永　集美大学
　　　　　刘广新　浙江理工大学

普通高校公共体育系列教程

乒乓球

荣敦国　王海　主编

复旦大學出版社

前　言

乒乓球(Table Tennis),被称为我国的“国球”,是一种流行的球类体育项目。自中华人民共和国成立以来,党和国家高度重视乒乓球运动的发展,乒乓球成为我国第一个获得体育世界冠军的项目。我国的乒乓球健儿在奥运会、乒乓球世锦赛等世界大赛中获得的杰出成绩,充分展现了国民精神风貌和大国形象,极大地提振了国民的爱国精神和大众对乒乓球运动的喜爱。随着健康中国、中国式现代化等国家战略的不断推进,全民健身运动也上升到新高潮,乒乓球运动的独特魅力必将受到更多人的青睐。喜爱乒乓球运动的非体育专业大学生是一个很大的群体,为了更好地贯彻本科教学质量提升,科学实施体育课程思政等新时代教育教学要求,更好地发挥乒乓球运动的功能,促进大学生身心健康成长,我们紧密结合目前非体育专业大学生乒乓球的教学需求和实际,基于多年教学积累,着手考虑并撰写了这本教材。

本教材共十三章,在此,我们重点说明以下三个方面的问题。第一,本教材编写的原因、动机和目的。在多年的乒乓球教学中,我们发现,非体育专业的公共体育乒乓球教学时间短、任务重。选择公共体育乒乓球课程的普通大学生基本没有乒乓球基础,有的只是对乒乓球课程的喜爱。除了课堂上教师进行有限的理论讲解外,这些大学生很难系统地了解针对性强的理论内容,满足乒乓球学习的实际需求。现行的乒乓球教材多是适用于体育专业大学生的专用教材,这些教材或参考书并不适用于普通大学生对乒乓球基本知识、基本技术、基本战术(简称“三基”)的学习和相关能力的培养,缺乏针对性、现实性和可行性。第二，强调立德树人根本任务的新时代要求，需要我们将党和国家治国理政理念、体育方针政策恰当地融入公共体育乒乓球课（以下简称乒乓球公体课）当中。此外，还要深入分析和把握乒乓球公体课的性质和普通大学生特点，积极选择恰当的思政元素，融入乒乓球具体教学之中，这是新时代之需与硬性要求。因此，本教材辟专章介绍了乒乓球公体课渗透思政教育应重点把握的重要问题。第三，为了启发体育教师和广大乒乓球初学者对乒乓球运动心理的认知，积极提升教与学的双效，本教材辟专章系统地介绍了影响乒乓球练习的众多运动智力和运动非智力因素。大学生练习乒乓球的各种现实行为都受相应运动心理活动的直接影响，只有克服心理活动的内隐性，透过现象把握本质，才能真正把教学双效提上去；相关章节内容试图通过乒乓球运动的理论和实践，积极发展初学乒乓球的普通大学生的运动心理能力。不仅为了通过科学地调动身心因素服务于具体教育教学实效，也希望他们能把这些重要心理能力迁移到未来的具体的实际工作之中。初学乒乓球的大学生在练习过程中，出现意识不到位、动作不到位、感觉不到位是必然的，为了保护他们的练习积极性和兴趣，我们要按照技术动力定型形成规律进行教育教学，不能轻易定性学生的学习为“错误动作”。因此，本教材也辟专章简要介绍乒乓球的动作要点，以便教师备课和学生对具体技术动作要领的理解与掌握。最后，本教材辟专章介绍乒乓球课程中英双语教学，对乒乓球专业术语进行中英文对照，对乒乓球教学中常用的一些句式进行了英文翻译，便于师生更好地借助乒乓球项目的外交功能，推动乒乓球交流国际化。

本教材的编写顺应新时代教育教学之需，具有时代性、创新性和针对性，以完成“立德树人”根本任务为导向，根据非体育专业大学生练习乒乓球的实际条件和健身娱乐目的为编写动机，强调区别对待、有的放矢原则，所编写的内容完全能满足初学乒乓球大学生的实际练习需求。本教材的编写秉持新时代的大学乒乓球公体课应是“课程思政＋专业教育教学”的新理念。这种新理念的乒乓球课程教学不仅要发展初学乒乓球大学生的“三基”，还要科学化培养普通大学生的政治思想觉悟等综合素养，努力培养他们成为“又红又专”的国家有用之才。

本教材作为上海商学院“艺术体育系列”产教融合教材之一种，编写过程中得到了各位成员的大力协助。来自上海商学院乒乓球校队现任队长张子豪、校队队员黄国锋两位同学担任本教材的乒乓球技术动作示范模特，特别是黄国锋同学负责了乒乓球技术动作拍摄、教材图片编辑和全书文字校对等工作，工作过程中他提供了很多有益建议，在此予以感谢。

由于时间仓促、水平所限，本教材不足之处在所难免，敬请专家和读者批评指正。

2024 年 6 月

目　录

第一章

乒乓球运动简介

第一节　乒乓球运动发展历程

乒乓球运动起源于19世纪后半期的英国，最初是一种宫廷游戏，叫作“弗利姆-弗拉姆”(Flim-Flam)，又称“高西马”(Goossime)。前身为室内网球，当时，球台和球网的大小、高度等并无统一规定，也并无统一的名称、器材和比赛方法等。由于很像在桌上打网球，故而有人称其为“桌上网球”(Table Tennis)。值得一提的是，采用球拍为击球器具的三个现代运动项目(网球、乒乓球、羽毛球)，均直接派生于中世纪的网球。

大约在1890年，英国运动员詹姆斯·吉布到美国旅行时，发现美国人海亚特发明的赛璐珞空心玩具球弹力强大，带回英国稍加改进，然后在英国和世界各地推广。

1902年，英国人库特发明了颗粒胶皮板，增加了球的旋转和速度。

1900—1902年，乒乓球活动传入日本。

1904年，乒乓球活动由日本传入上海(又一种说法是至少在1901年从国外传入天津，详见本章第二节《中国乒乓球运动的发展》)。

1905年，乒乓球传入欧洲的维也纳和布达佩斯，后来逐渐扩展到北非的埃及等地。直到20世纪20年代，乒乓球基本上停留在游戏阶段。

1926年，第1届世界乒乓球锦标赛(以下简称世乒赛)在伦敦举行，标志着乒乓球运动进入快速发展期，比赛设男子团体、男子单打、男子双打、女子单打、混合双打 5 项，为以后的世界乒乓球锦标赛奠定了基础，其中男子团体冠军奖杯名为“斯韦思林杯”。

1926 年，国际乒乓球联合会（ITTF）成立，伊沃·蒙塔古当选为第一任主席。

1928 年，第 2 届世乒赛，增设女子双打项目；同年，第二次国际乒联全体大会上，正式命名为“乒乓球”。

1934 年，第 8 届世乒赛，增设女子团体比赛，女子团体比赛冠军奖杯名为“马塞尔-考比伦杯”。

1928—1939 年、1947—1957 年，世乒赛每年举行一次，从第 25 届（1959 年）开始改为每两年举行一次，从第 47 届（2003—2004 年）以后，正式改为单数年进行单项比赛，双数年进行团体比赛（合并计算为一届比赛）。

1937 年，第 11 次国际乒联全体大会决定通过，将球网高度由 17.3 厘米降至 15.25 厘米，球台宽度由 146.4 厘米增至 152.5 厘米。

1926—1951 年，乒乓球在欧洲发展迅速，欧洲队主导世界乒坛。此间举行的 18 届世乒赛，匈牙利获得 57.5 项冠军，捷克斯洛伐克获得 25.5 项冠军，英国获得 10 项冠军，除欧洲外，美国获得过 8 项冠军。

1953 年，中国乒乓球队首次参加了在罗马尼亚布加勒斯特举行的第 20 届世乒赛，在团体比赛中，我国男队被评为一级第十名，女队被评为二级第三名。

1959 年，容国团在第 25 届世乒赛男子单打比赛中，为我国夺得第一个乒乓球世界冠军。

1961 年，第 26 届世乒赛在北京举行，是我国首次举办世乒赛，中国男队夺得第一个团体冠军，邱钟慧为我国夺得第一个女子单打世界冠军。

1980 年，第 1 届乒乓球男子世界杯乒乓球赛在香港举行，又称“埃文斯杯赛”，我国运动员郭跃华获得冠军；该赛事每年举行一次，设男子单打一个项目。

1981 年,第 36 届世乒赛,中国乒乓球队夺得了比赛所设的全部七项冠军,并且还包办了五个单项比赛的决赛,这在国际乒联五十多年历史上首次。

1982 年,国际奥委会通过了关于从 1988 年起把乒乓球列为奥运会正式比赛项目的规定,推动了乒乓球运动更快地发展。

1983 年,国际乒联作出规定,球拍两面胶皮必须是不同颜色,1985 年,国际乒联又做出新规,球拍必须一面为红一面为黑,1993 年又做出更细致的规定,红色面必须是亮红色。

1987 年,国际乒联规定,发球时抛球高度必须在 16 cm 以上,而且不可以在球在上升的状态下完成发球。

1988 年,汉城奥运会,乒乓球首次被列为正式项目,设男单、女单、男双、女双四个项目;我国运动员陈静获女子单打冠军,陈龙灿、韦晴光获男子双打冠军。2008 年,北京奥运会,取消男双、女双,改成男团、女团,中国代表团获全部金牌。2020 年东京奥运会(2021 年举办)新增混双项目。

1995 年,徐寅生担任国际乒乓球联合会第五任主席,后为国际乒联终身名誉主席。

1996 年,亚特兰大奥运会乒乓球比赛中,中国运动员夺得全部金牌;世界杯乒乓球赛增设女子单打项目,同年,第一届女子世界杯乒乓球赛在香港举行,中国运动员邓亚萍夺冠。

1999 年,首届阿尔卡特杯世界乒乓球俱乐部锦标赛在上海举行,是国际上参赛俱乐部最多、水平最高的俱乐部比赛,中国“八一工商银行”俱乐部男队获得冠军。

2000 年,在马来西亚举行的国际乒联代表会上,一致通过把乒乓球直径由 38 毫米增至 40 毫米,重量由 2.5 克增加为 2.7 克,俗称“大球”,并从本年 10 月 1 日开始执行。马琳在第 21 届世界杯男单比赛中夺冠,获得大球时代的第一个世界冠军。

2001 年,在大阪世乒赛期间的国际乒联代表大会上,通过了把原有比赛每局21分制改为每局11分制,并在本年9月1日起执行。

2002年,国际乒联在克罗地亚召开代表大会,规定从2004年雅典奥运会起,来自同一国家和地区的双打选手在奥运会的乒乓球比赛中只能处于同一半区;国际乒联将在国际正式比赛中采用无遮挡发球规则。

2006年,国际乒联宣布全面禁止有机胶水,在德国不莱梅世乒赛期间宣布2008年9月1日起,全面禁止使用含挥发性有机粘合剂。

2008年,国际乒联规定在正式的比赛中,如奥运会、世乒赛等在团体赛中将双打比赛安排在第三场;实施“海外限制令”,在21周岁以上变动国籍的选手,则没有资格参与世锦赛;15周岁到18周岁的运动员在协会上的注册年限需超过三年;18周岁到21周岁的运动员在协会上注册的时间需要超过五年,这样才有资格代表国家参加世乒赛和世界杯比赛等活动。

2011年5月,针对赛璐珞球的安全隐患,国际乒联决定在伦敦奥运会后全面禁用赛璐珞球,又申明2014年7月起使用采用PVC塑料球。

2012年,伦敦奥运会起将各国参加奥运会单打比赛的名额由三人变为两人。

自2014年7月1日起,国际乒联抛弃了120年历史的赛璐珞球,采用PVC塑料球,乒乓球直径略微上调,至40.00—40.60 mm。

自2017年4月3日起,国际乒联将乒乓球更改为ABS塑料球,降低旋转速度。

2018年,采用赛事级别和比赛名次作为积分计算依据,实施新版世界排名系统。

2021年,东京奥运会增设混双比赛。自2021年10月1日起,球拍的两面无论是否有覆盖物,必须无光泽且一面为黑色,另一面为跟黑色明显不同的鲜艳颜色:红色、粉色、紫色、绿色、蓝色。

第二节　中国乒乓球运动的发展

传统的观点认为我国的乒乓球运动始于1904年的上海，上海四马路一家文具店的经理王道平从日本购买了10套乒乓球器材，并进行了打球的表演，自此，我国开始有了乒乓球运动。但国际乒联官方网站2007年刊登国际乒联乒乓球博物馆馆长洽克·霍伊的一篇论文《1901年乒乓球出现在中国的证据》显示，乒乓球至少在1901年已经传入中国，地点是天津，给出的证据之一，是一张寄出时间为1902年1月25日的明信片，上面写道："在这里每个欧洲家庭客厅里都有一种网球，玩起来十分有趣。它在一张大桌子中间安放一个网，两只拍子用鼓皮做成，球是赛璐珞的。"（新闻标题"起源于英国的乒乓球，为何成为中国'国球'？"引自光明网网址：https://m.gmw.cn/2022-09/29/content_1303158214.htm）

1916年，上海基督教青年会童子部添设了乒乓球房和球台，学生中也开展了乒乓球运动。以后北京、广州、天津几个大城市也相继开展了这项活动，但参加人数寥寥无几。

1918年，上海率先成立全市的乒乓球联合会和其他一些相关组织。

1923年，全国乒乓球联合会在上海诞生，并于同年首次举办比赛，我国乒乓球运动得到了初步发展。

1935年，中华全国乒乓球协会成立，虽举办过各种规模的比赛，但由于战争的影响，广大人民生活在水深火热之中，没有从事体育运动的条件，乒乓球运动没有得到健康的发展，直到中华人民共和国的成立。

1952年，第一届"全国乒乓球比赛大会"在北京举行，共有62名选手参加；同时，中华全国体育总会乒乓球部加入国际乒联，从此全国乒乓球群众活动迅速发展起来。

1953年，中国乒乓球队首次参加了在布加勒斯特举行的第20届世乒赛，在团体比赛中，我国男队被评为一级第十名，女队被评为二级第三名。

1955年，中国乒乓球协会(CTTA)成立，陈先担任首届主席。

1959年，容国团在第25届世乒赛中，为我国夺得第一个乒乓球世界冠军。

1961年，第26届世乒赛在北京举行，是我国首次举办世乒赛，中国男队夺得第一个团体冠军，邱钟慧为我国夺得第一个女子单打世界冠军。

1961—1965年的3届世乒赛中，中国获得11项冠军；1965年第28届世乒赛中，中国队夺得5项冠军。中国乒乓球运动登上历史上第一个高峰，标志着中国男女队均进入世界先进行列，因此，乒乓球有了“国球”之称。

1971年，第31届世乒赛，中国乒乓球队在缺席两届世乒赛后重返世界赛场，再夺男团、女单、女双和混双四块金牌，也借中国乒乓健儿之手，掀开了中美接触的新篇章。

20世纪70年代，世界乒乓球技术发展突飞猛进，竞争压力庞大，1973—1979年的4届世乒赛(第32—35届)28项冠军中，中国代表团仅获12项冠军。

1980年，第1届世界杯乒乓球赛在香港举行，又称“埃文斯杯赛”，我国运动员郭跃华获得冠军；该赛事每年举行一次，设男子单打一个项目。

1981年，第36届世乒赛，中国乒乓球队夺得了比赛所设的全部七项冠军，并且还包办了五个单项比赛的决赛，这在国际乒联五十多年历史上首次。

从1981—1987年的4届世乒赛(第36—39届)共28项冠军，中国队斩获25项冠军，形成了“中国打世界”的局面。

1988年汉城奥运会，乒乓球首次被列为正式项目；我国运动员陈静获女子单打冠军，陈龙灿、韦晴光获男子双打冠军。

1995年，在天津举行的第43届世乒赛，我国再次囊括7项冠军；同年，徐寅生担任国际乒乓球联合会第五任主席，后为国际乒联终身名誉主席。

1996年，亚特兰大奥运会乒乓球比赛中，中国运动员夺得全部金牌；世界杯乒乓球赛增设女子单打项目，同年，第一届女子世界杯乒乓球赛在香港举行，中国运动员邓亚萍夺冠。

1999年，首届阿尔卡特杯世界乒乓球俱乐部锦标赛在上海举行，是国际上参赛俱乐部最多、水平最高的俱乐部比赛，中国“八一工商银行”俱乐部男队获得冠军。

进入21世纪，在2001年第46届世乒赛，中国队再次包揽7项冠军，实现第三次大满贯。此后在2005年第48届世乒赛、2007年第49届世乒赛、2011年第51届世乒赛共六次实现大满贯。从1996年亚特兰大奥运会独揽四金开始，2000年、2008年、2012年、2016年的4届奥运会，中国乒乓球队都完成了大满贯，2021年东京奥运会新增的混双比赛被日本选手获得，其余四个项目都被我国包揽，中国乒乓球队俨然已屹立于世界之巅。

第三节 中国乒乓球历史上的第一和唯一

第一个单打冠军：容国团，1959年第25届世乒赛夺得男子单打冠军，成为中国在世界大赛中第一个冠军获得者。

第一个女子单打冠军：邱钟惠，1961年第26届世乒赛登上女子单打冠军宝座，成为中国在世界大赛上最先夺得冠军的女子运动员。

第一个男子团体冠军：由容国团、徐寅生、庄则栋、李富荣、王传耀和教练傅其芳组成的中国男子乒乓球队，在1961年北京举行的第26届世乒赛上，首次荣获世乒赛男团斯韦思林杯。

第一个女子团体冠军：由林惠卿、郑敏之、梁丽珍、李赫男和教练员容国团组成的中国女子乒乓球队，在1965年第28届世乒赛上，首次荣获女团考比伦杯。

第一个男子双打冠军：张燮林、王志良，1963 年第 27 届世乒赛，荣获中国历史上第一个双打冠军。

第一个女子双打冠军：林惠卿，郑敏之，1965 年第 28 届世乒赛。

第一个混合双打冠军：张燮林，林惠卿，1971 年第 31 届世乒赛。

第一个获得复制奖杯的运动员：庄则栋，在第 26、27、28 届世乒赛上连续 3 次夺得男子单打冠军，荣获了由国际乒联颁发的勃莱德杯复制品，成为我国首获此项荣誉的运动员。

第一个获得女单复制杯的运动员：王楠，在第 45、46、47 届世乒赛上三次夺得女单冠军，成为中国女乒历史上首位实现世乒赛女单三连冠的运动员，并拿到了吉·盖斯特复制杯。

第一次囊括世乒赛全部冠军：中国代表队在 1981 年第 36 届世乒赛上，一举夺得全部 7 项冠军，成为世乒赛历史上第一个在一届比赛中囊括全部 7 项冠军的国家，创造了世乒赛史上的奇迹。此后在 1995 年第 43 届世乒赛、2001 年第 46 届世乒赛、2005 年第 48 届世乒赛、2007 年第 49 届世乒赛、2011 年第 51 届世乒赛共六次实现大满贯。

第一个世乒赛女双三连冠：王楠、张怡宁，在第 47、48、49 届连续三届世乒赛上获得女双冠军，是中国乒乓球史上首个拿到三连冠的女双组合，此外，王楠之前和李菊两次捧杯，创造了连续 5 届世乒赛获得女双冠军的纪录。王楠和张怡宁之后，郭跃和李晓霞也拿到了女双三连冠。

唯一一个世乒赛混双三冠王：王涛、刘伟，在第 41、42、43 届世乒赛上连续三次捧起兹·赫杜塞克杯，是中国乒乓球史上首个，也是唯一一个混双“三连冠”。

第一个蝉联 8 届冠军的球队：中国女子乒乓球队在 1975 年第 33 届至 1989 年第 40 届世乒赛期间，连续 8 届夺得女子团体冠军成为一个国家或地区在世乒赛中蝉联同一项目冠军次数最多的球队。

第一个蝉联世乒赛四个项目的运动员：王励勤，到目前为止，王励勤是第一个，也是唯一一个在世乒赛团体、单打、双打和混双项目上全部卫冕成功的运动员。

第一个奥运会女单冠军：陈静，1988年汉城奥运会（也是乒乓球史上唯一一个获得过奥运会单打金、银、铜牌的运动员）。

第一个奥运会男单冠军：刘国梁，1996年亚特兰大奥运会。

第一个奥运会女双冠军：邓亚萍、乔红，1992年巴塞罗那奥运会。

第一个奥运会男双冠军：陈龙灿、韦晴光，1988年汉城奥运会。

国乒第一位男单大满贯：刘国梁。1996年他拿下了世界杯男单冠军，和亚特兰大奥运会男单、男双冠军，1999年又拿下了第45届世锦赛的男单、男双冠军，完成大满贯。

世界第一位完成双圈大满贯（世锦赛、世界杯和奥运会都至少得到两冠）的女子运动员：张怡宁。2009年5月成为历史上第一个完成双圈大满贯的乒乓球女子运动员。

世界第一位完成双圈大满贯的男子运动员：马龙。2021年7月，他成为世界乒坛第一位完成双圈大满贯的男子运动员。

思考题

1. 简述乒乓球运动的发展历程。
2. 阐述关于乒乓球运动的网球起源学说，你认为乒乓球与网球有什么异同。
3. 中华人民共和国成立以来，中国乒乓球队在国际赛事中取得过哪些显著成就？

第二章

乒乓球教学与运动训练的主要任务

第一节　乒乓球教学的主要任务

非体育专业的高校乒乓球教学是体育教师根据乒乓球运动项目特点，对大学生进行科学化体育课程思政，贯彻国家的体育方针政策，向大学生传授乒乓球运动基本知识，帮助大学生掌握技战术，提高技战术能力，增强大学生体质，开发大学生运动智力，培养优良运动非智力因素品质，追求实现立德树人根本任务的体育教育过程。

乒乓球教学的主要任务是：

(1) 适时、恰当进行体育课程思政，传达党和国家的治国理政理念以及体育方针政策，宣介中共二十大精神等。

(2) 向初学乒乓球的大学生介绍乒乓球运动基本知识。

(3) 帮助初学乒乓球的大学生掌握乒乓球运动基本技战术，并指导他们不断提高技战术能力。

(4) 开发运动智力，培养良好的运动非智力因素。

(5) 促进大学生体质健康水平。

第二节　乒乓球运动训练的主要任务

除了乒乓球基本教学外，乒乓球教学还肩负乒乓球课外运动训练任务。乒乓球的运动训练是在教练员或体育教师的指导下，为不断提高大学生乒乓球运动能力而专门组织的课外乒乓球运动训练过程。

乒乓球运动训练的主要任务是：

(1) 在乒乓球训练过程中要以问题为导向，科学化渗透思政教育，激发大学生奋发进取的拼搏精神等。

(2) 针对个人，深化对乒乓球运动理论知识的理解和掌握。

(3) 发展乒乓球运动所需要的运动智力和优秀运动非智力因素等心理品质。

(4) 发展一般身体素质与专项身体素质。

乒乓球教学与训练都是教育过程，两者既有区别，也有密切联系，只是目的和侧重点不同，也可以说，乒乓球运动训练是特殊的乒乓球教学过程，乒乓球教学是乒乓球运动训练的开始，乒乓球运动训练又是乒乓球教学的继续和深入。总之，不能因为两者的某些差异，将两者完全割裂，要做到两者的相辅相成，统一于乒乓球整个教育教学过程之中。

第三节　乒乓球教学与运动训练的基本要求

(一) 激发学生的运动兴趣

大学生心智已趋于成熟，要激发初学乒乓球的大学生学习乒乓球的运动兴趣，应注意以下几点：

(1) 针对具体教学内容，首先进行“为啥学”的目的性说明，并端正其学习态度。

(2) 针对学习内容，向学生介绍通过“这样学”，经过努力是可以较快掌握具有一定难度或挑战性的学习内容。

(3) 在具体学习过程中，要做到让大学生在没有思想负担的情况下，感受到教学过程具有启发性、趣味性、游戏性、知识性和逻辑性。

(4) 让学生每一节课都有自我效能感和获得感,因为趋乐避苦是人的天性。

(5) 进行前后教学内容的逻辑性引导,学好当下,激发学生下次课持续学习的求知欲,加强目标导向的各种引导。

(二) 采用直观教学,建立正确的动作概念

乒乓球基本知识可通过直观或言语的讲解进行传授,而对于乒乓球教学重点内容的基本技战术教学或技战术能力发展来讲,就要靠调动大学生良好运动非智力因素引导、调节下的具体运动智力因素,有意识地积极捕获应有的肌肉感知觉来进行。通过反复试误性练习建立肌肉神经联系,最终掌握具体运动技能。由此,进行乒乓球技战术学习要精讲多练,注意启发大学生调动自己的运动智力和运动非智力因素服务于具体的学习。所谓让初学乒乓球的大学生建立正确的动作概念,有两层意思,一是从外观上要让大学生建立具体乒乓球技战术的形象概念;二是以建立的正确的外部形象概念为基础,让大学生通过具体实际练习体会应有的各种肌肉感知觉,并认识他们彼此之间的逻辑关系,形成内在的、内隐的感知觉逻辑,以此促进技战术学习内容的掌握。需要强调的是,只通过视觉学习无法掌握具体运动技能,要很好掌握乒乓球技战术,必须达到足够数量的练习次数,遵循量变到质变的规律才能实现。平时的乒乓球教学过程中,由于时间限制或其他原因,初学乒乓球大学生的技战术掌握的练习量往往没有达到促其发生质变的程度,这是绝大部分大学生学习效果不理想的主要原因,因此,要高度重视"精讲多练"。在做到教学直观性方面应注意以下几点:①加强各种直观性教学方式的目的性引导;②针对教学内容采用合理的直观方式,如对于乒乓球基本知识的教学,为了增加教学容量,可采用多媒体等教学方式;③引导大学生做到对教师动作示范等生动的直观,同自己正确的感知觉有机结合,不断总结经验,发挥运动智力因素的认识功能,积极促进各种技战术的快速掌握和能力的不断提升,提高学习双效;④启发大学生合理运用直观经验,不断提高理论认识,通过经验和理论帮助自己的乒乓球运动能力提升。

（三）教学、训练要从实际出发

乒乓球的教学与训练要事先备好课。备好课不仅要清楚在有限的时间内教什么、练什么，更重要的是不能一厢情愿，不顾初学乒乓球的大学生的基础条件，随意设置教学训练内容或运用主观的手段与方法。要做到以学生为中心，学生应当怎样学就怎么教，而不是教师怎么教，学生就应当怎么学，这反映教学理念是否到位。对于初学乒乓球的大学生来讲，应当把大学生摆在乒乓球教学的主体地位，教师是主导。要备好课需要事先调研的情况内容比较多，主要包括所教的初学乒乓球的大学生的健康状况、体能水平、运动智力发展水平、运动非智力因素的发展水平、教学条件、季节和环境条件、思想品德等。

乒乓球教学和乒乓球运动训练，都要做到区别对待。在有限的时间内，要做到区别对待并不容易，要善于总结发现有效的方式方法实现区别对待，不能顾此失彼。且都要具备以解决重点问题为导向的意识，争取抓住能起到提纲挈领作用的教学或训练内容，实现教学、训练活动的效益最大化；要做到这一点，很重要的方法就是要深入细致地分析研究，即将要教或练的内容的性质等问题，以利于大学生的内化吸收。

（四）理论与实践相结合

乒乓球的教学、训练活动必须遵守理论与实践有机结合的原则，在具体结合实践中还要注意以下几点：

（1）深刻研究大学生的身心特点，全面分析教学、训练大纲的内容，合理安排教学、训练进度。

（2）在具体的教学、训练实践中，引导大学生运用掌握的乒乓球运动理论指导自己的乒乓球学习，反过来，将在乒乓球学习、训练实践中获得的经验上升到理论或理念。

（3）根据乒乓球教学训练实践，要取得理想的“双效”，务必高度重视大学生乒乓球教学、训练所需要的运动智力和运动非智力因素的系统掌握和灵活运用。在这一点上,在教与学两方面都是相对薄弱的,应引起高度重视。

(五) 巩固与提高相结合

乒乓球技战术的掌握和技战术能力的发展都需要一个过程,都遵从量变到质变的规律。乒乓球的技战术掌握要经历粗略掌握、巩固提高和动作自动化三个紧密相连的阶段,急躁冒进,不循序渐进、稳扎稳打都是对教学、训练规律的违背,教育、训练成效不会好。因此,乒乓球的教学与训练活动必须遵循巩固与提高相结合原则,具体来讲就是注意以下几点:

(1) 引导大学生真正理解乒乓球基本知识和主要规律,激发他们善于运用运动智力和运动非智力因素解决乒乓球学习、训练活动中遇到的各种问题的意识。

(2) 做到及时复习、经常复习所学习的乒乓球知识与技能。

(3) 巩固就是对正确的经验、理论和实际技能的不断强化,没有强化,就难有高质量的技能掌握,技能的动力定型需要不断强化,否则也会生疏、消失。

(六) 循序渐进与突出重点相结合

对于没有乒乓球基础的大学生初学者来讲,由于每个人的接受能力、神经类型、身体素质等方面存在差异,在接受同样的学习过程中,学习成效也会不同。因此,在乒乓球教学、训练过程中,要注意:一方面要做到有计划、系统地、有步骤、循序渐进地进行;另一方面,也要注意在不同时期、不同阶段和具体情况下,能够抓住关键,突出重点。

在乒乓球教学、训练过程中,要按照学习、训练,再学习、再训练,再巩固、再提高的方式进行教学与训练,具体应注意以下几点:

(1) 在教学与训练的内容、方法、计划、运动负荷等的安排上,必须做到循序渐进。

(2) 对于技战术的学习、技战术能力发展的要求上,要逐步提高难度。对于初学者的大学生,更不能要求过全、过急、过高,要多鼓励表扬，激发学习、训练的兴趣。

(3) 任何一项学习和训练内容都要讲求实效，不能片面追求“堂堂新”“课课换”的形式主义，要讲求相邻课次内容上的连贯性和逻辑性。

(4) 在按照循序渐进原则进行教学和训练时，还要抓住重点，突出重点。

对于重点，要有几点认识：一是，随着教学与训练活动的推进，学生乒乓球运动能力的进步，重点会变；二是，确定的教学、训练重点要明确、具体；三是，确定的重点要为教学训练服务，突出重点要以解决实际问题为目的和目标；四是，每次教学、训练课都要有相应的重点。

(七) 全面技战术的学习与训练和特长技战术的学习与训练相结合

由于每位大学生的身心特点和条件不同，在共同学习过程中会表现出不同的技战术特点，对于他们表现出的这些特点，符合乒乓球运动规律和竞技能力发展需要的就要鼓励、支持，不能搞一刀切，随意否定个人特色。其实，对于乒乓球竞技制胜来讲，需要每个人能充分发展自己的特长，最好形成“绝招”。不论是为了健身提高乒乓球运动能力，还是为了制胜发展竞技能力，都需要按照教学大纲和训练大纲进行全面的技战术等能力的培养，但是每个人的身心特点决定了技术风格必然不同，技术风格就是特长技术，最能发挥每个人的乒乓球运动潜力的技术，促使达到高水平，因此在重视全面性发展的同时，也要格外重视每个人的特长技战术的培养和充分发展。要做到没有明显的技战术漏洞和致命弱点；特长技战术或绝招的培养要根据大学生自身条件，充分体现在各种技战术能力的发挥上，充分体现在有威力的击球质量上。

(八) 采用适宜的运动负荷

负荷就是施加给教育教学、训练的对象身心两方面的刺激。负荷包括负荷内容，还包括负荷量和负荷强度。对于运动负荷来讲，只有适宜的运动负荷才能给负荷对象应有的刺激，并产生良性成效。

适宜的运动负荷不是一个点，而是一个区间，只有在具体时间点和特定情境下，为了产生最佳刺激效果，才会有一个最佳运动负荷，对这个最佳运动负荷的探寻是体育教师和教练员应有的职业责任。不论是乒乓球教学，还是课外训练，要安排好运动负荷，还要注意处理以下几方面的关系：

（1）根据教学、训练任务，选择好负荷内容。

（2）处理好运动量和运动强度的关系。需要特别强调的是，乒乓球是一项对心智要求很高的技能主导的运动项目。学习技战术时要注意大学生充沛的体力条件，不能搞疲劳作战，要善于在有限的时间内，通过教学、训练内容和负荷强度的变化，来调控大学生的学习、训练积极性和神经肌肉的工作能力。

（3）处理好教学训练活动中的负荷和休息之间的关系，做到合理交替。

（4）能正确识别初学乒乓球大学生的外在的教学、训练数据，在掌握大学生内部数据方面要多积累经验，能透过种种现象认识本质。

（九）系统性教学与训练

所谓系统就是要有整体观，能从综合运动能力培养或竞技能力发展的角度考虑乒乓球的教学与训练工作。这里的系统性教学与训练包括两层意思：一是大学生初学者需要花费较多、较长的时间才能掌握较为复杂多样的技战术方法，要发展技战术能力，提高比赛能力或对抗能力更需要投入大量的精力和时间。二是连续性，也就是大学生正常的教学和运动训练都要做到连续性。如果大学生的乒乓球学习或运动训练间歇时间过长，不仅培养的身体能力会消退，对于为掌握技战术能力培养的肌肉神经联系也会更快消退，造成学习、训练效应的损失和破坏。因此，要进行不间断的乒乓球教学和运动训练是必要的，在具体的实践中，还要注意做到以下几点：

（1）要做到系统学、系统练，根据时间等条件，综合、合理安排教学和训练内容。

（2）关注教学、训练内容彼此之间的联系，提纲挈领，抓住重点，提高成效。

(3) 随着大学生乒乓球运动能力、竞技能力的发展,科学化增加运动负荷,做到渐进、持续。

综上,大学生乒乓球运动能力或竞技能力的发展需要身体素质、技战术等内容建立特殊的内部联系,形成一定功能的结构程序,只有系统地、有计划地、科学化地教学和训练才能取得成效。

(十) 体能、运动智力和运动非智力因素三结合

从初学乒乓球的大学生的角度讲,体能、运动智力和运动非智力因素都是主体性因素。根据内因是事物变化的依据,外因是事物变化发展的条件,外因通过内因而起作用的辩证唯物主义观点,大学生的主体性三因素都是其乒乓球学习、训练活动的关键因素。在具体的乒乓球运动实践中,做到这三项主体因素的结合是提高学习、训练成效的必要条件。乒乓球运动对体能、对运动智力因素和运动非智力因素都有各种情境下的具体需求,要具体问题具体分析。前提条件是要透彻地理解乒乓球运动的特点、复杂的运动智力和运动非智力因素以及体能因素系统的构成,再深入一步就是要深刻理解各因素的各种属性,以便于在具体的乒乓球教学、训练、竞赛中进行有效利用和控制。实践证明,体能、运动智力和运动非智力因素三者的有机结合是一条并不容易做到的基本规律,需要乒乓球教师和教练员加强这方面的研究和探索,要透过具体的技战术等实践操作,从内隐的运动心理的角度洞悉和驾驭各种实际的乒乓球教学行为,这是乒乓球教育教学的一个难点。

(十一) 教学、训练和比赛三结合

在一定程度上讲,教学主要是教会大学生基本的乒乓球技战术等内容,训练主要是提高他们的技战术能力,而比赛则主要为了发现问题,以帮助他们发现自己的特长和不足,形成正确的阶段性自我概念,然后进一步提高学习、训练和比赛能力,提高自己的技战术水平。为了利用好教学、训练和竞赛的功能发展大学生的乒乓球运动能力、竞技能力,还要注意在教学、训练过程中,要利用好技术比赛、单个战术比赛、综合性练习比赛、针对性比赛、适应性比赛等各种目的的乒乓球比赛。一次比赛要胜过很多次普通的乒乓球学习或训练是大家的共识。通过比赛可以直接地帮助大学生发现自身存在的不同方面的问题或缺陷，便于形成正确的自我概念，便于帮助大学生确定下一步的乒乓球学习、训练目标。在利用各种比赛时还要注意以下几点：

（1）应该让大学生明确比赛目的，比赛的态度要端正，让比赛真正起到以赛带练的作用。

（2）时机成熟时也就是大学生掌握了该掌握的技战术时才组织相应比赛，否则，会破坏大学生刚刚形成的动力定型，对他们的后续学习训练产生不良影响。体育教师或教练员应该知晓学习或训练得到的技战术在形成相应能力方面存在“延迟性转化”的现象，不可揠苗助长、急躁冒进。

（3）由于比赛强度大，对大学生的精神造成很大压力，所以所采用的比赛不宜时间过长，次数也不宜过多，否则会造成过度紧张和身心疲劳。

（4）组织比赛要注意技巧，要考虑到对不同水平的大学生区别对待，要实现通过比赛激发大学生的学习、训练兴趣等。

（十二）培养技术风格

对于初学乒乓球的大学生来讲，迎合自己的身心特点和乒乓球的项目特点，形成自己的技术风格，都有利于健身或竞技的目的。在引导大学生养成技术风格方面，需要注意以下几点：

（1）向优秀运动员学习，不断丰富和提高自己的技战术能力。

（2）教师或教练员要根据大学生的特点和运动表现，与学生进行交流，互换意见，在认识乒乓球制胜因素上深入一步，确定技术风格的发展方向。

（3）确定技术风格后，在具体的学习和训练中不断强化，向形成技战术能力优势上不断努力，但是，坚持技术风格也不是意味着一成不变，随着自己体能和技战术能力的发展，也要适度调整，最终目的就要通过技术风格的养成能更好助推自己的技战术能力发展，达成运动成效。

技术风格的形成以大学生身心条件为基础，与其技战术特长密切相关，是大学生对乒乓球运动的特点与功能认识的体现，也是大学生在乒乓球运动过程中综合素养的体现。要形成良好的乒乓球技术风格必须通过长期的理论与实践探索才能最终形成，非一日之功。

思考题

1. 乒乓球教学的主要任务有哪些？
2. 什么是乒乓球运动训练的主要任务？
3. 乒乓球教学与训练的基本要求包括哪些方面？

第三章

乒乓球课程思政

体育课程思政是新时代、新形势催生的新课题、新任务。深度挖掘大学体育课程所蕴含的思想政治教育资源，深化大学体育教学改革与创新，是贯彻党的教育方针，发挥体育教学渠道优势，解决“培养什么人、怎样培养人、为谁培养人”这一根本教育问题的新时代要求。大学公共体育乒乓球课程教学，应从乒乓球教学和思政教育两种教育活动的特点出发，将两者有机统一起来，实现体育课程思政教育所期望的体育教学与思政教育双赢的目的。根据现实需求和多年乒乓球教学训练实践经验，结合对体育课程思政的认识，我们认为，在乒乓球教学、训练活动中要很好地落实课程思政，应高度重视和践行“教学理念”“教学原则”“教学策略”“教学要点”和“教学要求”五个基本理论问题。

第一节　大学乒乓球公体课课程思政应秉持的教学理念

理念决定行为，树立正确的教育理念是搞好乒乓球课程思政教育的指导思想性前提。从根本上讲，实施乒乓球课程思政就是要在具体的体育教学活动中依靠体育活动手段和途径完成培养“生物人”向“社会人”的使命活动，它要求把思想政治教育恰当地渗透到具体的体育教学活动之中。根据思政教育和乒乓球课的特点，我们认为，在具体的乒乓球课程思政过程中，应明确和遵循的教学理念可用“三个统一”来概括：

（一）运动知识、运动能力发展与科学运动的价值性相统一

在具体的乒乓球教学中，单一技术教学的现象是比较普遍的，这种现象是“纯体育”片面教学理念的必然产物，不符合新时代的要求。目前的乒乓球课程思政教育不仅要克服这种落后教育理念，还要将乒乓球教学和思政教育两者有机结合起来，做到相辅相成、有机协同，共同实现体育教育的多重目标。在具体的乒乓球教学过程中，重视传授运动知识和运动技能等固然是正确的，但是目前看来，仅做到这些还不够。因为当今大学生出现了一些新特点，未来社会对他们提出了新期望，对他们的综合素质，尤其意识形态领域的思想政治素养提出了更高要求。从小处讲，在乒乓球体育课上他们会出现或暴露许多对具体体育教学有直接或间接影响的思想政治问题。这些问题摆在广大体育教师面前，视而不见不行，务必妥善应对、处理。要解决这些思想政治问题必须从“为什么教”上深入思考，与现实教学紧密对接寻求解决问题的抓手与办法。应对、处理这些涉及大学生思想政治素养方面的问题时，不能仅从教授运动知识和运动技能上进行解释，而要上升到对进行科学运动的价值认识上。乒乓球课程的基本任务是传授运动知识、教授乒乓球运动技能、发展大学生乒乓球运动能力等，这主要是回答“教什么”“怎么教”的问题，而回答“为什么教”的问题则更应从思政的角度进行考虑，这是乒乓球课程思政的“核心”。坦诚地讲，在实际操作过程中，以往由于种种内在或外在原因对乒乓球教学内容为什么选择，为什么教的认识，立意还是低了、窄了，基本上局限在专项技术教学的角度，在通过乒乓球教学与训练活动培养、锤炼大学生思政素养方面做得很不够。据观察，在日常的教学中，受传统教育理念的影响，许多教师偏重于运动知识和运动技能等的客观性和知识性教育，而在对教授这些内容的价值性教育方面做得不够。由于信息化、数字化、智能化社会环境的不断发展变化，

大学生不得不面对更大的社会压力，从而表现出诸多时代新特点，如抗挫折能力差、不善于合作，片面追求竞争、任性、斤斤计较、缺乏自信、吃苦耐劳能力差、公平公正意识淡薄等，大学生出现的这些不足或缺点严重制约我们新时代教育培养目标的实现。事实证明，深受大学生喜爱的、教学效果好的体育教师都有一个突出特点和共性，就是善于在体育教学中进行思想政治教育，这一特点应该引起大家的思考和学习。乒乓球课程教育既要重视大学生的强身，又要重视大学生的健心与政治思想境界的提升，摒弃在乒乓球教学中重知识、重技能、轻育人、轻运动价值教育等落后体育教育理念，把坚持运动知识、运动能力发展与科学运动价值性教育相统一作为乒乓球课程思政教学的一条新的教学理念。

（二）科学性与人文性相统一

乒乓球课上传授的运动知识是科技进步成果，所进行的各种体能训练与运动技能学习活动都是人们对各种运动规律的认识，这些都决定了乒乓球教学手段的选择、教学方法的运用、教学过程的控制，甚至乒乓球术语的使用等都需具有科学性；强调乒乓球课程的人文性就是在以身体活动为基本手段向大学生传授运动知识、运动技能等的教学、训练过程中，还要充分考虑到大学生的特点、需要、多种创造和发展的可能性，重视对大学生主体性、心理和精神领域的塑造与培养。根据既往的教学经验，每次课不同大学生会有不同的心理状况，既有有利于乒乓球学习的，也有不利于学习的，体育教师仅凭借自己的意愿和想当然，不积极了解大学生的这些思想状况、心理状态就展开教学，比较容易出问题。在乒乓球教学中，如果只重视乒乓球教育的科学性，轻视乒乓球教育的人文价值，容易让大学生受到教条主义、机械主义的影响，使其沦为感情淡漠的理性工具者。当然，如果片面注重对大学生的人文性教育，轻视、弱化运动知识和运动技能的科学性传授，那么大学生也会被淹没在神秘主义和天赋决定论等信仰主义之中。在乒乓球教学中重视对大学生的人文关怀在当今时代更加重要，文明大学生之精神，野蛮其体魄都需在人文关怀下才能保证正确的培育方向和真正实现。因此,大学乒乓球课程思政教学应注重科学性和人文性的统一。

(三) 乒乓球教学过程思维与思政过程思维相统一

在乒乓球教学中,空头说教是苍白的,是软弱无力的。乒乓球教学中的思政教育不能脱离具体的教学过程,思政元素、思政方法和思政时机的选择,甚至思政负荷的控制都必须恰到好处,务必充分融入具体的乒乓球教学过程之中。乒乓球课程的育人可概括为"育体与育心"双重任务。让大学生掌握具体的乒乓球运动技能,增强大学生体能,促进体质改善等属于"育体"范畴;在具体的乒乓球教学活动中激发大学生学会运用自己的心理能力来开发自己潜在的心理能力,培养、锤炼他们的竞争与合作意识、规则与纪律意识、抗挫折能力、自制性、自信、公正意识、会审美等思想政治方面的意识与能力则属于"育心"范畴。要搞好乒乓球课程思政,我们应该认识到乒乓球课程思政教育在内容和方法上除有一般思政教育的某些特点外,也有自身的特点。能否认识到这一点将决定乒乓球课程思政能否根据具体乒乓球教学内容的特殊性而进行设计和实施。乒乓球课程思政教育应以解决大学生乒乓球学习中出现的或为避免出现的各种思想政治问题为导向,不可随意进行与具体乒乓球教学无关的思政渗透。另外,我们认为,凡是在乒乓球教学中影响大学生综合素养提升和发展的心理因素都应被看作是重要的"思政元素",抓住这些思政元素才是真正根据具体乒乓球教学特点做好课程思政教育的前提,切不可把乒乓球课程思政元素局限在狭隘的认识与观念之中,坚决杜绝将乒乓球课上成与教学内容脱节的"纯粹思政课"。据观察,凡是乒乓球课程思政教育渗透出现牵强、勉强效果的,主要原因都是没有认识、顾及这一点。由此可见,根据具体乒乓球教学特点与需求,做到思政过程思维与教学过程思维有机融合是乒乓球课程思政渗透教育的一条重要教学理念。

第二节　大学乒乓球公体课课程思政应遵循的教学原则

乒乓球课程思政是新时代催生的一种新型体育教育模式，必然会面对诸多新鲜、复杂的问题，在破解这些问题时注意把握科学的体育课程思政原则是十分重要的。乒乓球课程本身虽然蕴含着丰富的思政元素，和思政教育具有高度的统一性，但是，这种统一性并不能保证在具体的乒乓球教学中开展思政教育的成功。乒乓球课程思政首先就应提升对思政教育的意识自觉性和目的性，并且需要体育教师精准地掌握乒乓球教学和思政教育的平衡点，做到思路清晰、重点突出、两者有机结合。为争取乒乓球教学与课程思政的双赢，需要理解并遵循以下两条基本原则：

（一）保障乒乓球课程教学体系的完整性

乒乓球课程的教学体系是经过多年的理论和实践而形成的，相对固定、完整。乒乓球课程的教学体系一般包含课堂教学、专项理论课和考核课等内容，体现着课程的专业特色，都服务于乒乓球教学目标。乒乓球课程都是与乒乓球相关的运动知识、技能等的系统化呈现，其前后衔接的章节设置、本质上反映了乒乓球课程各知识点之间的一种内在逻辑关系，不可轻易打破，乒乓球课程知识体系的完整性和系统性是乒乓球课程的核心教学宗旨。为了取得教学与课程思政的双赢，思政元素不能生硬植入乒乓球课程的具体教学之中，不能通过减少专项教学时间，也不能随意改变教学章节的设置来进行，应根据具体乒乓球教学的需求，以破解大学生在学习具体乒乓球教学内容时遇到的问题为抓手，以提高学习成效为导向，选择适宜、重要的思政元素，在讲究思政方法的前提下，更重要的是要把握好具体思政内容的“负荷”。否则，会破坏乒乓球教学的课程教学体系，损害乒乓球课程的专业性特征，得不到大学生的认同，不仅不能助推课程思政的开展，反而会起到阻碍作用。

(二) 维护乒乓球课程的专业价值体系

体育学科的价值观主要体现在：追求健康至上、尊重运动规律、实事求是、关怀生命、朝气蓬勃、拼搏进取、团结友爱、公平公正等诸多方面。乒乓球课程的知识体系内在地强调运动知识、运动技能掌握，乒乓球运动对增强大学生体质等方面问题的价值性。乒乓球课程渗透思政教育是否科学化，教育效果好不好就应看是否将维护体育学科的价值体系放在最突出的位置，是否紧密结合乒乓球专业特点。乒乓球课程思政的重心不能偏离乒乓球课程的价值体系，如果认识不到这一点，极易将体育课上成纯粹的思政课，机械生硬，缺乏有的放矢，影响具体乒乓球课程教学的严肃性和大学生对乒乓球课程的学习兴趣，思政教育效果会大打折扣。

第三节　大学乒乓球公体课课程思政应采用的教学策略

策略就是计策、谋略。乒乓球课程思政的教学策略就是指为实现乒乓球课程思政的各项目标而制定或采取的方案集合。为提高乒乓球课程思政育人效果，我们认为乒乓球课程的思政教育渗透应采取以下教学策略：

(一) 发掘乒乓球课程知识体系中天然自带的科学观、生命观和价值观

体育学科的各门各类课程拥有共同的学科价值观，主要包括：科学理性、尊重规律、关爱生命、竞争与合作、积极进取、吃苦耐劳、自信、公正、安全等，这些价值观与当代社会主义核心价值观、良好的非智力因素和道德观有着天然的联系。在乒乓球教学过程中，体育教师应以破解在具体教学过程中大学生出现的思想问题和为高效完成体育教学任务、达成具体体育教学目标为导向，努力挖掘、确定具体教学情境可以渗透的思政元素,用专业的教学语言或行为进行适时、精准呈现,恰当地渗透到大学生的乒乓球学练过程之中。实践证明,不顾乒乓球课程的专业特点和学科价值观,随意进行思政教育是难以让大学生信服的,会事与愿违。

(二) 彰显体育运动楷模的示范性

在体育领域,涌现出的先进榜样不胜枚举,从他们身上我们可以深切感受到:什么是"顽强拼搏"、什么是"胜不骄、败不馁"、什么是"爱祖国"、什么是"自信"、什么是"美与崇高"、什么是"友谊"、什么是"规则与公正"……实践证明,只要选材得当,体育楷模的事迹本身就是最好的乒乓球课程思政教育素材,以人为范、以情动人至关重要。

(三) 突出乒乓球专业特点,追求真实可信的体验感

乒乓球课在培养、锤炼大学生的综合素质和精神境界等方面具有特殊的、明显的学科优势。在具体的乒乓球技能学习过程中,通过对比学习等方法让大学生深刻体会按照动作要领这一运动技能掌握规律,进行学习的重要性;强化他们注意力、把握运动规则、自信、有安全意识等对学习效果有深刻影响的认识;在乒乓球教学比赛中,为了追求胜利,可以引导他们体会群策群力、团结协作、情绪激发与控制、担当责任等的威力;在乒乓球专项考试过程中,让他们深刻体会:什么是公正、按规则行事的意义、什么是有抗挫折能力、自信与成功的关系是什么、什么是体育美、什么是崇高等鲜活真切的具有明显思想政治意义的运动体验。积极引导大学生体会到乒乓球学习过程中锻炼、发展起来的心理品质对于自己未来人生事业规划和健康生活具有深远意义。因此,我们必须以科学的思政策略为主导,以乒乓球教学为途径和手段,实施恰当的课程思政渗透,在积极推动大学生不断完善自我、塑造积极向上的人生观、世界观和价值观上下功夫,这才是发挥乒乓球课程的学科优势,达成乒乓球课程思政教育目标的根本途径。

第四节　大学乒乓球公体课课程思政应把握的教学要点

乒乓球课程的思政教育是一种在专业和思政之间取得平衡，追求相辅相成、相得益彰，真正实现教书与育人同步的体育教学艺术。在实际的乒乓球教学过程中，如果思政教育用力不足，则无法感染大学生，达不到进一步提升教学质量和完成思政任务的目的；但如果用力过猛，机械生硬，具体思政教育与教学内容不相宜，则会破坏体育教学活动氛围，招致大学生反感……因此，体育教师能否秉持先进的思政理念，能否根据具体乒乓球教学任务确定思政元素，把握正确的思政原则，采取科学、灵活的思政策略就显得格外重要了。一般来讲，大学生在具体乒乓球教学内容和具体教学环节上会表现出一定思想、行为方面的规律性，这应是确定思政元素的依据。然后以解决具体教学实践中所存在的思政问题为明确目的，进行恰当的、适时的思政教育渗透才是将思政教育与体育教学完美融合的根本。在实际的备课和授课过程中，就是要做到以乒乓球教学内容为主线和抓手，根据课程教学过程中既有规律性又有不确定性的思政时机的呈现，给予完美柔和式的思政教育渗透。通过总结团队长期教学经验，进行课程思政时，应注意把握以下几个教学要点：

（一）和大学生要有亲近感

大学生一般都喜欢上乒乓球课，这为我们在乒乓球课上进行有效的思政渗透提供了很好的心理条件。要达到乒乓球运动技能掌握与发展等具体内容教学和思政教学的双赢，所选择的思政元素应贴近大学生的生活实际，符合大学生的心智范畴，这也是我们一直在强调的要深入了解大学生特点的一贯要求。针对大学生特点进行动之以情，晓之以理的符合实际的思政教育才能打动学生，才能从思想深处影响到他们。据观察，有的体育教师的思政教学效果不佳，其中一个重要原因就是没有把握住这一要点所致。另外，个别体育教师对实施乒乓球课程思政还缺乏积极性，没有从思想上真正认识到对大学生实施课程思政教育的重要性和必要性也是事实。实践证明，在乒乓球课程思政过程中如果浅尝辄止、蜻蜓点水，甚至风马牛不相及，就不能从内心去接触大学生，大学生就不会感到亲近，师生之间就会拉开心理距离，就不会有真正的思想沟通，这才是乒乓球课程思政的最大障碍。

（二）体育教师要有思想的先进性和对政治的敏锐度

在具体教学中体育教师能否给大学生留下对时局和政治有敏锐洞察力的表现，这不仅是一个是否重视课程思政的问题，也是在大学生面前能否树立实实在在榜样的问题。在具体的乒乓球教学过程中，体育教师仅能做到及时地传达最新的政策和时局变化情况是不够的，最需要的是将思政教育与目前现实的乒乓球学习的目的意义有机联系起来，通过说理，证明思政教育和乒乓球学习之间有一种必然的政治逻辑，这样的课程思政才能确保大学生始终处于时局、思想的最前沿，深信目前的乒乓球学习的现实与深远意义。

（三）不断提高乒乓球教学与思政教育技巧

提高教学技巧是一个老生常谈的问题，但是在目前强调课程思政背景下，重视、重提这一问题就更有必要了。在实际的乒乓球教学过程中，由于具体教学内容的性质不同，要求随着乒乓球教学内容的变化及时跟进不同思政元素的教育。只有根据乒乓球教学需求做到思政元素的常变常新，才能从形式和内涵上真正体现思政教育的针对性、丰富性和综合性。在考虑选择思政元素时，一定要顾及乒乓球课程、不同教学情境与环节、乒乓球具体教学内容性质的差异性。实践证明，随意地、机械生硬地进行思想政治教育的做法实不可取。理想的乒乓球课程思政教育应该是润物细无声的、自然地将具体思政元素的教育浸润在严谨、科学的乒乓球教学活动之中。乒乓球课程思政教学使得教学不再是纯粹的乒乓球教学，而是一种通过乒乓球教学手段培养、锤炼大学生更高思想政治素养的体育教学。我们应时刻谨记和落实,为谁培养人,培养什么样的人的时代要求,与具体的体育教学有机结合起来,将我们的体育教学立意进一步提高,切实做到以解决大学生乒乓球学习中的问题,提高教学成效为目标。因此,要做到这些就必须在乒乓球教学和思政教育上狠下功夫。

(四) 乒乓球课程思政要实

乒乓球课程思政应像教授运动技能一样实在。将具体思政元素的教育与具体的乒乓球教学密切结合起来,做到有物可依,目的明确,在说实话、实际做的思想指导下推进乒乓球教学进程。在乒乓球教学中渗透思政体现的是乒乓球教学的思想性,凸显思政教育对乒乓球教学的支持性,真正形成课程思政和乒乓球教学的艺术性统一。但是也应注意,在乒乓球教学过程中也不能设置过多的思政内容,应以不影响乒乓球课程的知识体系的完整性和严肃性为基本标准。也就是说,不能滥用思政。乒乓球课程思政是一个涉及体育教师育人观念、乒乓球教学本领的教育问题,需要所有体育教师从教学观念到教学技巧两方面进行全面反思和改进。

第五节 大学乒乓球公体课课程思政应做到的教学要求

如前所述,乒乓球课程的思想政治教育不是单纯的乒乓球专业+思政,是一种以乒乓球教学内容为手段或途径,以思想政治教育为基因型的教书育人方式。这种将具体乒乓球教学内容与思想政治教育有机糅合在一起的“新型乒乓球教学”不仅具有传统乒乓球教学和思想政治教学的一般特征,也有着一些它自身的新特点。我们认为,在把握教学要点的基础上,还要做到以下几点教学要求:

(一) 充分发挥“皮格马利翁效应”,对青年大学生真情期待

皮格马利翁效应,也称作“期望效应”,指个人的表现会受到其他人(特别是“权威人士”)的暗示和影响,当然也会受到自己的暗示和影响，也就是说我们会被影响，成为我们自己或别人所预期自己成为的样子。乒乓球课程思政的核心就是发挥乒乓球课的渠道作用，让大学生不仅完成乒乓球学习任务，还要把思想政治教育搬上乒乓球课堂，在乒乓球课上积极引导、强化大学生形成符合新时代需要的、积极向上的世界观、人生观和价值观，激发他们养成科学锻炼身体的习惯，培养良好心理素质，积极引导大学生强身、强心。我们认为，体育教师能否做到从内心充满对每一位大学生的殷切期望，盼望他们练好身体和专业本领，在实现中华民族伟大复兴的新时代里有所作为至关重要，这将决定师生之间心灵沟通的大门能否打开，思想政治教育能否顺利进行与成功。我们应深刻意识到所有大学生都渴望有价值，被殷切期待，期望在将来有所作为。乒乓球教学是一个很好的思政教育平台，师生平等，交流互动多，彼此感兴趣的话题多，这都是乒乓球教学渗透思政教育的优势。乒乓球课上的思想政治教育是心与心的交流，只有那些真诚对待大学生的老师，才能得到大学生的真心回报与尊重，愿意追随老师的引导进入生动活泼的乒乓球学习，从内心接纳思想政治教育。

（二）深刻理解乒乓球教学内容与负荷的性质

不同乒乓球教学内容与运动负荷对大学生的身心将产生不同的需求与影响。在乒乓球学习过程中大学生会表现出各种各样的思想政治方面的问题，能否有效应对这些出现的问题就是乒乓球课程思政。我们所强调的思想政治教育要有的放矢、要有针对性就是强调乒乓球课程思政教育应当冲着这些问题而去。因此，我们应达成的共识是乒乓球课程思政是依附于乒乓球教学活动的一种思想政治教育形式，要做好乒乓球课程思政必须首先做到对自己所教授的乒乓球课程有精深的理解，并深刻认识到教学过程中会涉及哪些思政问题非常关键。只有这样去研究，去设计才能确保能敏锐地觉察到思政元素和思政时机的存在，进而在具体的乒乓球教学情境中渗透该渗透的思政元素，科学地将思政教育的基因成功嵌入到具体的乒乓球教学活动之中，取得应有的乒乓球课程思政效果。

（三）深刻领悟思政元素的价值与意义

我们认为，思想政治教育可分为两大类：一是具有普适性的“一般思想政治教育”；二是密切结合具体专业教学，具有专业特色的“专业思政”。乒乓球课程思政属于后者。从宏观看，必须从身体和心理两方面着手才能很好地塑造、锤炼大学生的综合素养。依据现状，体育教师应加强理论学习，不断提升自己的思想政治理论素养，把握新时代政策走向，准确领悟思想政治教育的原理、内涵和专业术语等话语体系。除为乒乓球课程思政教育进行理论储备之外，还要深刻认识到乒乓球运动技能的掌握与发展是以身体素质为前提，心理素质是根本，尤其要细心研究不同运动技能或体能训练活动所依赖或对其产生影响的心理素质(包括智力和非智力因素)的情况。不能仅仅从运动技能或其他能力发展的角度认识大学生心理素质发展的重要性，要上升到通过乒乓球学习主动培养、锤炼大学生综合素养的高度来开发大学生的心理素质，因为人的素质和心理机能是能够迁移的，这也是我们进行乒乓球课程思政成为可能和有必要性的理论依据。譬如在运动中有很强自信心的人，对于自己想做的其他事情来讲一般也是信心满满的。因此，体育教师应深刻把握乒乓球教学内容和具体思政元素在乒乓球课程思政过程中的地位、类别、特点和价值，这样才能开展精准的乒乓球课程思政，做到乒乓球教学和思想政治教育相向而行，协同育人。

（四）及时把握时局变化和大学生身心发展的新特点

任何时代都有独特的特点和需求，任何人都会受社会和时代环境的影响。时代人只有顺应时代特点和需求，奋发进取才会有所作为。从这一角度讲，乒乓球课程思政就是要发挥乒乓球课程的诸多育人功能，积极促进大学生顺应时代的需要而不断增长自己的才干而做出应有贡献。鉴于此，广大体育教师应深刻理解新时代中国特色社会主义对大学生的各种期望，结合乒乓球教学特点，认真甄选思政元素，为开展具体乒乓球课程思政提供抓手和素材。

（五）思政育人与乒乓球教学并重

乒乓球课是深受大学生喜爱的一门课程，广大体育教师应从内心接纳这样一种依托于乒乓球课程教学而开展的思政教育。目前大学生不仅在体质上出现了一定的问题,在思想、行为上也的确存在一些如上所述的:浮躁、急功近利、缺乏自信、懒惰、抗挫折能力差等问题,能否主动并有效破解这些问题,就是最大的政治。包括乒乓球教师在内,广大体育教师必须发挥好体育课堂这一特殊的教育阵地功能,坚守为师者的育人信念,将立德树人作为职业信仰,牢记我们的教育的根本任务是为了实现中华民族的伟大复兴而培养接班人。

随着我们国家综合实力的不断跃升和国际地位的不断提高,以及当代大学生随着时代的发展出现的诸多新特点,出于国际国内形势发展的需要,为确保党和国家的长治久安,在实现第一个百年奋斗目标的基础上,继续朝着实现第二个百年奋斗目标,实现中华民族的伟大复兴,党和国家把加强大学生的思想政治工作提高到了更加突出的高度,加强课程思政是新时代的必然要求。在加强大学生课程思政教育方面乒乓球课程具有先天优势和不可替代性。目前的乒乓球课程思政教育不是传统意义上的"体育专业+思政"教育,是一门将思政教育基因型嵌入乒乓球教学之中的一门教育艺术,是一种新型的体育教育模式。要运用和发挥好这种新型体育教育模式的功能,取得预期思政成效,克服实际操作过程中的随意性、主观性、盲目性,避免走入误区,就必须在乒乓球课程思政教育渗透中秉持以上 3 条教学理念、遵守以上 2 项教学原则,采取以上 3 种教学策略,把握以上 4 个教学要点,做到以上 5 项教学要求。

思考题

1. 乒乓球课程思政中应秉持哪些教学理念?
2. 在乒乓球教学中,有哪些应该遵循的原则?
3. 乒乓球课程思政应采用哪些教学策略?
4. 乒乓球课程思政应做到哪些教学要求?

第四章

乒乓球运动的基本知识

第一节　常用术语

乒乓球术语是一种用于教学和训练的专门语言。正确使用乒乓球术语能正确反映乒乓球运动的本质和结构特点，提高教学训练成效，有利于总结经验和开展科研工作。当然，在具体实践中，体育教师为了使用方便，也常常比较生动、形象、接地气地用语来描述复杂的技术动作或战术意图，如拧、挤、撇、拱、点、带等。总之在使用乒乓球术语时，应正确、简明、易懂。乒乓球术语较多，需了解的主要有以下几种：

1. 球台

球台的构成，见表 4-1。

表 4-1　乒乓球球台构成的数据表

部分	属性
台面	长：274 厘米；宽：152.5 厘米；高：76 厘米
端线	长：152.5 厘米、宽 2 厘米位于台面两端的白线
边线	长：274 厘米、宽 2 厘米位于台面两侧的白线
中线	与边线平行位于台中间的宽 3 毫米的白线
台区	在台面上被球网分开的两个大小相等的台区

2. 击球范围

击球范围就是打出去的球的落点区域。依据落点范围分为三个区域:①左、右半台;②左、右 1/3 台区;③左、右 2/3 台区。

3. 站位

站位是指打乒乓球时双方对阵所站立的位置。根据离球台端线距离的远近,可将乒乓球站位划分为五种情况,见表 4-2。

表 4-2　乒乓球的站位距离

类型	离端线距离
近台	50 厘米以内
中台	70—100 厘米
远台	150 厘米以外
中近台	介于中台与近台之间
中远台	介于中台与远台之间

4. 击球点

击球点就是球拍回击来球时拍和球接触的具体空间位置。包含三方面内容:一是击球点相对于身体位置的前后位置;二是击球点相对于身体位置的左右位置;三是击球点相对于身体位置的高低位置。

5. 击球时间

乒乓球从对方球台过网本方球台后从桌面弹起的时间起,可划分为三个时期:上升期、高点期和下降期。上升期是指来球从台面弹起至接近最高点的时间段,上升期可再细分为:上升前期和上升后期;高点期就是指来球反弹至最高点范围的时间点;下降期就是乒乓球从运行弧线的最高点开始至落台的这段时段,下降期可再细分为:下降前期和下降后期(见图 4-1)。

6. 击球部位

击球部位就是从球拍的角度看,在击球时球拍击打乒乓球的位置。以击球人的视角看,击球部位可划分为:前面、后面、左侧面和右侧面四部分。从进攻的层面看,击球都是从后面或侧面;击球,很少情况能从球的前面击球。从后面看,击球部位又可划分为:上部、上

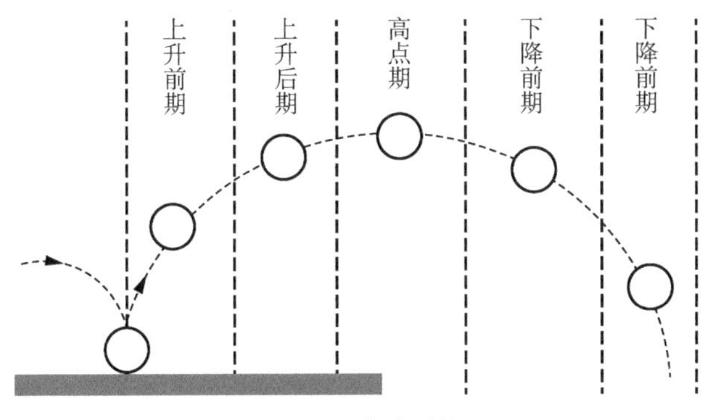

图 4-1　击球时间

中部、中上部、中部、中下部、下中部和下部七个基本部位。如果以钟表刻度为参照，以上七个部位分别对应：12 点、1 点、2 点、3 点、4 点、5 点和 6 点钟位置（如图 4-2）。细分击球部位是为了更加精准地击球的具体技术。

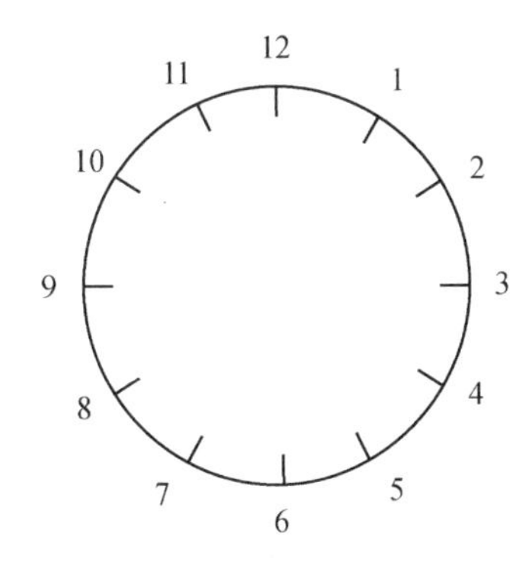

图 4-2　乒乓球击球部位示意图

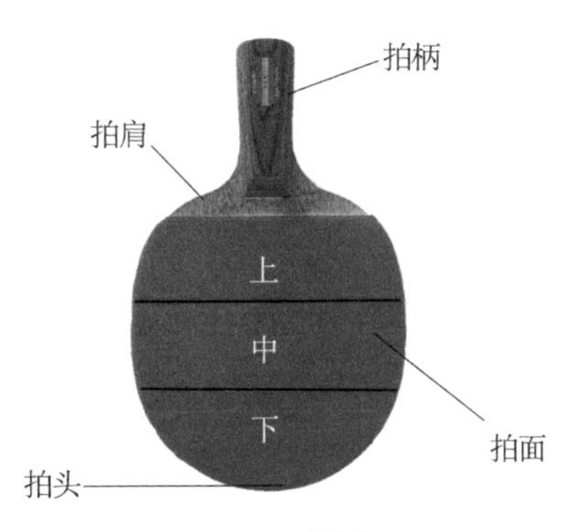

图 4-3　触拍部位

7. 触拍部位

触拍位置就是来球撞击拍面的位置。球拍包括：拍柄、拍身二部分。拍身包括：拍肩、拍面、拍头和拍身边缘。拍面包括：上中下和左右五部位（见图 4-3）。

8. 拍形

拍形的两个概念：一是拍面角度。拍面角度就是击球时，拍面与水平面所形成的夹角。通常情况下，拍面角度大于 90°，称作"后仰"。不同的拍面角度用于击打乒乓球的不同位置（见表 4-3）。二是拍面方向。拍面方向就是指击球时拍面的朝向。以持拍击球人为参照，拍面向左时，击打的是球的右侧；拍面向右时击打的是球的左侧。实际上，球拍击打球的正后方的情况并不多，一般都是需要击打球的侧方位，因此，通过练习乒乓球，要不断提高调节拍面角度回击来球的能力和意识。

表 4-3　拍面角度与击打位置

角度	击球位置
拍面向下	上部（顶部）
拍面稍前倾	上中部
拍面前倾	中上部
拍面垂直	中部
拍面稍后仰	中下部
拍面后仰	下中部
拍面向上	下部（底部）

9. 击球距离

击球距离就是开始挥拍到击打到球时，球拍所运行的空间距离长度。

10. 击球线路

击球线路是指乒乓球的击球点与落点的连线。以右手持拍站立于球台中间位置为例，可打出 5 种线路的球：反手直线、中路直线、右手直线、右手斜线、反手斜线（见图 4-4）。

11. 短球、长球和追身球

短球：距球网 40 厘米以内的球。

长球：距端线 30 厘米以内的球。

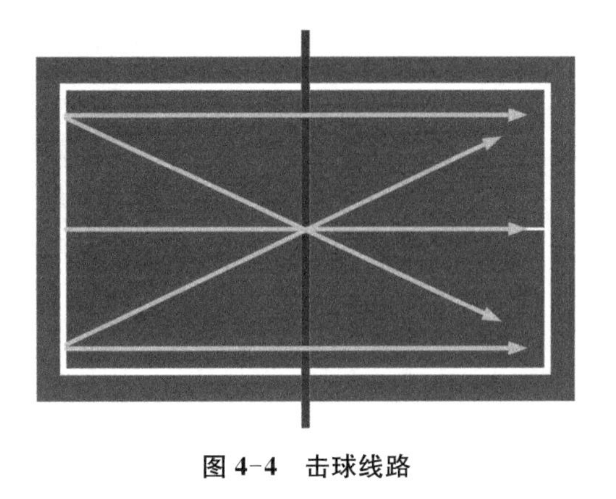

图 4-4　击球线路

追身球：打向对手上身胸腹部中心线部位的球，这种球造成对手没有足够的时间、空间回击。

第二节　基本站位

一、基本站位准备姿势（见图 4-5、图 4-6）

乒乓球的基本站位就是击球前身体与球台之间所处的位置。初学乒乓球的大学生往往在思想上对基本站位不够重视，从而影响训练进程和运动能力的提高，值得注意。乒乓球运动是需要身心协调配合的运动艺术，每次接发球前的基本站位会直接影响击球效果，乒乓球基本站位是符合乒乓球运动需要的、符合人体力学和运动学的、正确的基本准备姿势；基本站位正确可以快速起动，是做到意识到位、动作到位的前提；在做到迅速还原的情况下，基本站位正确可以保持合理击球动作的连续性，对乒乓球技战术水平的发挥有重要影响。

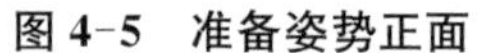

图 4-5 准备姿势正面

图 4-6 准备姿势侧面

二、具体类型打法的基本站位

由于身体素质和心理特点方面的主体性原因，通过乒乓球训练形成个人的技术风格和乒乓球不同类型的打法。这些不同乒乓球运动打法的基本站位是有略微区别的。乒乓球类型打法对基本站位的要求，见表 4-4。

表 4-4 乒乓球不同类型打法的基本站位

类型打法	基本站位
左推右攻	近台，球台端线偏左 1/3
直拍两面攻	近台，球台端线中间略偏左
直拍单面拉弧圈球	中近台，球台端线偏左 1/3
横拍两面拉弧圈球	中近台，球台端线中间
快攻结合弧圈	中近台，介于近台快攻与弧圈球之间
横拍削攻	中远台
削中结合进攻	远台

第三节　球拍握拍方法

乒乓球握拍方法不同，击球的性能也会有差异，握拍方法对掌握乒乓球基本技战术和发展技战术能力有影响。乒乓球运动发展到现在，握拍方法主要有：直握和横握两种。前者是由亚洲的乒乓球运动员和教练员发明的，后者是欧洲人的传统。每次乒乓球击球的用力都是通过手腕和手指来完成，为了击球时能很好地调整引拍位置、拍形角度、击球方向和发力方向，要重视合理的握拍方法，选择握拍方法要根据个人喜好和技术特点来确定。随着自己乒乓球运动水平的提高握拍法也需要适度微调，并非一成不变。

一、直拍握法

以往的直拍打法可分为直拍快攻近台类和直拍弧圈类，因此握拍方法会稍有不同。但随着技战术的不断发展进步，在世界顶级运动员中，直拍近台快攻或直拍弧圈类打法已不复存在，因此直拍握法也逐渐趋于相似。

(一) 握拍方法

拇指和食指自然弯曲，拇指的第一关节和食指的第二关节分别压住球拍的左肩和右肩，拇指与食指的指尖距离没有固定的要求，可根据自身情况进行调整、其他三指微微弯曲，平铺于球拍背面(见图 4-7)。准备姿势时握拍不宜太紧，能够维持正常的拍形即可，待击球发力时再握紧球拍。由于直拍握法击球时手腕非常灵活，因此在击球时，可适当调整每个手指的位置以提高击球质量。在正手攻球时，拇指用力将拍面下压使其前倾，食指放松置于球拍右肩，中指略微用力顶住拍面；反手推挡时、拇指放松，第一关节轻轻搭在球拍左肩，食指发力将拍面下压使其稍前倾，中指贴紧球拍背面，内弯或伸直均可，无名指和小指叠放于中指之上；在直拍横打时，拇指紧握球拍，食指适当放松，向球拍边缘移动，后面三指略微伸直张开，以控制拍形。

图 4-7　直拍握法

（二）直拍横打握法(见图 4-8)

这种握法属于直拍握法，只是握拍目的有点变化，可发挥出横握球拍的横打作用。与直拍近台快攻握法相比，大拇指往里握得深了一点，食指移到了球拍的边缘，握拍不要过于用力，为了便于控制拍形和发力，后面的中指、无名指和小拇指也要略微伸展开些。

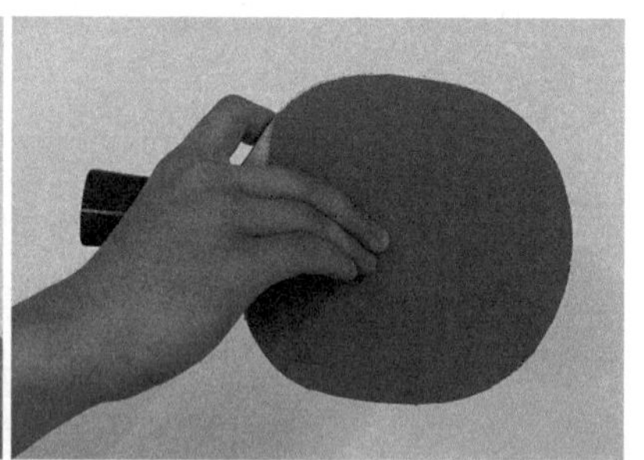

图 4-8　直拍横打握法

二、横拍握法(见图 4-9、图 4-10)

横拍握法也称作“八字式”握法，握拍方法：以右手持拍为例，虎口压住球拍的右上肩，中指、无名指和小拇指自然地握住拍柄，拇指在球拍正面贴于中指旁，食指自然伸直斜贴于球拍的背面。这种握拍有：深握和浅握两种。深握时，虎口紧贴拍柄；浅握时，则轻微贴拍柄。深握球拍的好处是拍形比较稳定，发力集中，扣杀球比较有力，削球容易控制，但手腕比较僵硬，不利于处理台内球和中路偏右的短球。浅握球拍时，手腕比较灵活有利于制造旋转，有利于处理台内低球，不利之处是因手腕松一些对拍形的稳固不够，较难控制弧圈球的削接。

由于横拍拍柄较长，在正手发球时为加大手腕的灵活性，需将原先握住拍柄的中指、无名指和小指也挪到背面，与食指一起托住球拍，发完球之后再迅速还原为正常握法，这种横板正手发球时的握法称为拳握。

图 4-9　横拍握法

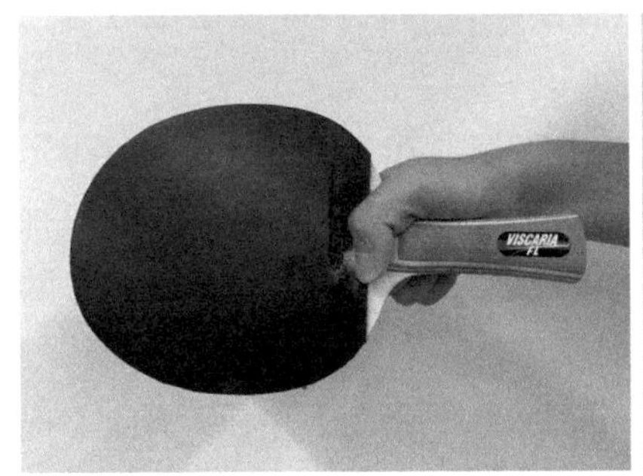

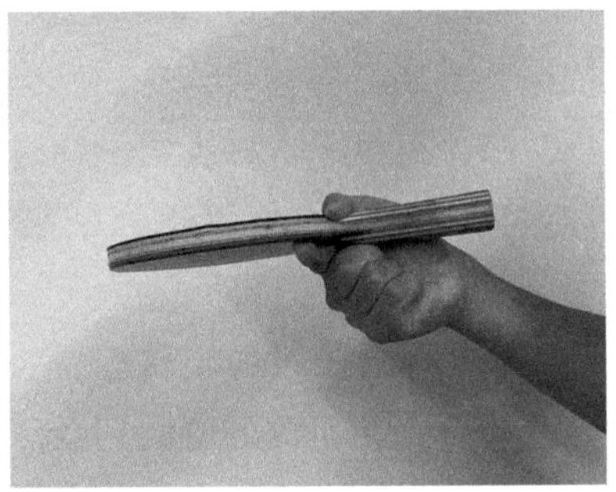

图 4-10　横拍正手发球时拳握握法

三、直握法和横握法的优缺点对比

直握法和横握法的优缺点对比，见表 4-5。

表 4-5 横握、直握优缺点对比

握拍方法	优点	缺点
直握	1. 入门容易； 2. 出手快，手腕和手指灵活； 3. 处理台内球和追身球有优势。	1. 因护台面积有限，对步法要求高； 2. 拍形难固定，反手不易发力，反手进攻能力差。
横握	1. 握法简单，动作容易固定，正反手都适合进攻发力； 2. 成才周期相对短。	1. 手腕灵活度偏弱，处理台内球和发球变化不如直拍； 2. 追身球处理不如直板灵活。

第四节 击球过程

击球的完整过程一般包括：判断、移动、击球和还原四个基本环节。在乒乓球运动实践中，不论快慢，这四个环节是浑然一体的，没有明显的割裂。

(一) 判断

从动作逻辑上讲，判断是决定脚步移动和选择挥拍还击方法的依据。判断的内容具体是：

(1) 判断来球的线路。通过对手击球时拍面的角度、方向与来球过网时的网上位置来判断来球的线路，线路有直线和斜线两种情况。

(2) 判断来球的旋转性质。判断球的旋转性质有两种情况：一是可根据挥拍击球的方向判断球的旋转性质。如对手是从下向上挥拍击球，球是上旋；如果是从左向右挥拍击球，就是右侧旋球；如果是从左下向右上挥拍击球，就是右上侧旋球等。二是根据球的飞行情况和落台反弹情况判断来球的旋转性质。上旋球飞行的前段慢，后段快，落台后的反弹冲力大；下旋球飞行的前段快、后段慢，反弹冲力小。旋转越强上述现象越明显，球下旋越强，落台后可能还会有回跳现象。

(3) 判断来球的旋转的强弱。判断球旋转时的强弱一般是根据对手击球时的触球情况。如果对手击球时摩擦多，撞击少，则来球的旋转强；如果撞击多，摩擦少则球的旋转弱。

(4) 判断来球的落点的远近。判断球的落点的远近一般是根据来球的飞行弧线。来球飞行弧线的最高点如果在对手台区上方则落点离球网近；如果最高点在自己台区上方则落点离网较远。

(5) 判断来球的旋转强度与落点远近。根据对手挥拍时动作幅度的大小和击球的快慢来判断来球的速度、落点和旋转强度。一般来讲，对手击球时的挥拍幅度大，速度快、力量大则来球的旋转强、力量大、落点远。另外对于乒乓球高手来讲，要判断来球的旋转性质，要特别注意观察其球拍击球瞬间的动作，防止被其假动作欺骗；判断来球的旋转性质还要考虑到自己上次回球的情况。

(二) 移动

移动是击球过程中的一个前提性的、很重要的动作环节。移动的目的就是要抢占有利的击球位置。如果抢占不到好的击球位置，就会被对手牵制，陷入被动之中，击球质量和命中率就会下降。对于初学者，要高度重视击球过程中动作的移动(或移位或选位)能力的培养。乒乓球运动的速度快、变化多、需要选择的应对技术复杂，为了提高移动的质量需要做到几点：反应快、判断准、确定还击方法时要果断、身体起动既及时又快、步法与手法要协调。

(三) 击球

击球的方法很多，在具体情境下，总有最佳的击球方法，由此而引发的就是击球能力问题。要提升击球能力还需要了解击球动作的构成，以便于通过不断改进具体击球环节，而最终提升整个击球动作的水平。根据实践，决定击球质量的因素主要有：击球动作、击球点、击球距离、击球部位、触拍部位、用力方向和力量大小。现简述如下：

（1）击球动作

乒乓球的击球动作由摆臂引拍、迎球挥拍、球拍触球、随势挥拍和放松五个紧密相连的环节构成。①摆臂引拍。要击球必须先顺着来球方向，通过伸展持拍手臂，拉开适当距离，然后再适当时机收缩手臂击球。引拍的目的就是为了能发挥出最佳力量击球。引拍时要注意几点：一是，引拍要及时，要能保证击球时的击球点合理；二是，引拍的方向要考虑到将要打出的球的旋转性质，调整好挥拍方向；三是，要考虑到为了争取好的击球效果，引拍要充分。②迎球挥拍。迎球挥拍是继摆臂引拍结束至击球前的动作。迎球挥拍的方向决定回球的旋转性质、回球的飞行弧度和击球路线；迎球挥拍的速度决定击球的力量大小，从而影响回球的快慢和旋转的强弱。③球拍触球。球拍触球是击球动作的核心部分。决定回球的飞行线路、出手角度、速度和旋转性质。球拍触球时的击球点、击球时间、拍面的攻击角度、触拍的位置、用力的方向和大小要根据击球目的综合优化。④随势挥拍就是击球后随球运行路线继续前送的动作。随势挥拍不仅仅是为了保证击球动作的完整性、稳定性和协调性，还有利于把击球力量发挥充分。⑤放松。是击球后持球手臂的一个短暂的放松阶段。只有做到放松，才能让挥拍手臂能够及时复位，便于下一次连续击球。

（2）击球点

击球点的选择要符合对回球弧线的目的性控制，便于击球力量的发挥。确定击球点，应注意两点：一是，击球点应选择在身体前面，不能在身后，还要离身体有适度的距离，既不太高，也不太低，既不太近，也不太远，这样便于舒适用力；二是，对于初学者，尤其要注意，击球点要根据技术的需求做到相对固定。譬如，弧圈球的击球点就要比攻球的击球点要靠后，更低些；攻球的击球点就比削球的击球点要靠前些，略高些。击球点的选择要合理就必须加强脚步移动练习，做到能及时抢占有利击球位置。

（3）击球距离

击球距离就是指引拍结束到击球球拍所移动的距离，也可叫挥拍长度。击球距离的长短受击球方法和发力大小等因素的影响。一般来讲，推挡距离短，拉弧圈球距离长；加力推比快推距离要长些。另外击球距离的长短还与打法类型、技术风格有关。如力量大，以旋转为主打法，击球距离相对较长。总之，在击球时，应注意根据还击的方法的不同要求，选择适宜的击球距离。适宜的击球距离是以合理的击球点为基准，是通过合理的引拍来获得。不能采用随便改变击球点的办法，去加长或缩短击球距离。击球应把握好引拍的时机、方向、方法、幅度和节奏。

（4）击球时机

击球时机是指来球从落台弹起到即将落地这段飞行过程所用的时间。乒乓球的击球时间可分为三个阶段：上升期、高点期和下降期，其中上升期也可再分为：上升前期和上升后期；下降期也可再细分为：下降前期和下降后期。乒乓球合理击球时机，见表4-6。

表4-6　乒乓球合理击球时机

动作	击球时机
快推	上升期
加力推	高点期
近台攻球	上升期
中远台攻球	下降前期
加转弧圈球	下降前期
前冲弧圈球	上升期、高点期
近台削球	高点期前后
中远台削球	下降期

另外，弧圈类打法以旋转为主，一般打球的高点期的前或后；快攻类打法以速度为主，一般是打球的上升期；削攻类打法一般是打球

的下降期。对于初学者来讲，应深刻认识到不同技术动作对击球时机有不同需求。为了掌握好基本技术，学习乒乓球时要根据具体技术相对固定击球时机，等水平有显著性提升后，再尝试主动变化击球时机和击球节奏，达成特定攻守目的。

（5）击球位置

击球位置是改变来球性质的一个关键手段。击球位置由来球接触球拍时的球拍角度决定。要提高击球时的击球位置的准确性，需要通过日常的有意识判断能力和脚步移动能力的提升，以及有意识不断提高自己手上的调节能力。

（6）击球的用力方向

击球的用力方向就是指击球时球拍的挥动方向。击球时，改变用力方向也是改变来球性质的一个手段。好的击球效果是通过控制击球时的击球位置和用力方向来实现。击球时做到击球位置和用力方向有机结合的一般规律，见表 4-7。

表 4-7　击球位置和用力方向有机结合的一般规律

打法	做法
攻球对攻球	击球中上部，向前或前上方用力
攻球对削球	击球中部或中下部，向前上方用力
削球对攻球	击球中下部，向前下方用力
搓球对搓球	击球中下部，向前下方用力
拉加转弧圈球	击球的中部，向前上方用力
拉前冲弧圈球	击球中上部，向前上方用力

（7）触拍位置

触拍位置就是指击球时球拍作用来球的拍面位置。重视触拍位置意义重大。要提高球的旋转，提高击球的力量，提高回球的准确性等离不开有合理的触拍位置。一般来讲，不同打法应选择的触拍位置有一定规律性，见表 4-8。

表 4-8　不同打法对触拍位置的需求

打法	触拍位置
要打上旋球	用球拍中上部位触球,向球拍的中下部位摩擦
要打下旋球	用球拍的中下部位触球,向球拍的中上部位摩擦

(8) 击球的力度

为了提高回球的准确性,增强击球的攻击性,增强击球战术的变化,都要做到合理运用击球的力量。不同的技战术与打法,对击球力量有不同的需求,见表 4-9。

表 4-9　不同技战术打法对击球力量的需求情况

<table>
<tr><th>大类</th><th>小类</th><th>力量需求</th></tr>
<tr><td rowspan="4">不同技术</td><td>近网回击短球</td><td>多以手腕发力击球,如摆短</td></tr>
<tr><td rowspan="2">近、中近台回球</td><td>以速度为特点的技术性击球多用前臂发力,如快推</td></tr>
<tr><td>以力量为发力特点的击球,多以上臂带动前臂发力,如扣杀</td></tr>
<tr><td>中台或中远台击球</td><td>多以上臂带动前臂发力,如弧圈球</td></tr>
<tr><td rowspan="3">不同战术</td><td>发力</td><td>主要依靠自己发出的力量还击来球</td></tr>
<tr><td>借力</td><td>主要依靠对手发出的力量还击来球</td></tr>
<tr><td>减力</td><td>靠缓冲对方来球的反弹力还击来球</td></tr>
<tr><td rowspan="2">不同打法</td><td>以速度为主</td><td>多以撞击方式还击来球</td></tr>
<tr><td>以旋转为主</td><td>多以摩擦击球方式还击来球</td></tr>
</table>

依表 4-9,要合理运用乒乓球击球力量,必须注意处理好上臂、前臂和手腕,发力、借力和减力,撞击与擦击等复杂关系。只有合理运用击球力量,把准确性和攻击性有机统一起来,才能取得最佳的击球效果。

(四) 还原

还原就是击球后为了快速做好下一次击球准备需要及时恢复击

球前的基本站立姿势和基本位置。还原包括身体重心的复位和持拍手臂恢复基本姿势。要比较好地还原身体重心，需要击球后持重腿及时发力，像弹簧一样立即将身体重心复位；持球拍手臂的还原，需要击球后迅速放松，恢复原先基本持拍姿势。乒乓球运动速度快，对抗激烈，很难做到身体重心的快速复位，但是在思想上要有身体重心的迅速复位意识。另外需要注意，在乒乓球比赛或练习中，由于双方的击球位置和战术总在不断变动，因此，也不能教条地将乒乓球的基本站位看作是一个点，应理解成是一个移动的攻防范围。

思考题

1. 乒乓球的击球时间可以划分为哪几个？
2. 乒乓球击球点的选择对击球效果有何影响？
3. 直拍和横拍握法在技术上各有什么优缺点？
4. 乒乓球击球过程的四个基本环节是什么？

第五章

乒乓球运动的制胜因素

第一节　乒乓球运动的七大制胜因素

对于乒乓球初学者来讲，发展乒乓球技战术能力的主要目的是健身娱乐，除此之外，还有可能参加一些正式的乒乓球比赛。如果是为了参加比赛，就得不断提升自己的乒乓球的竞技能力。要提高乒乓球的竞技能力就必须遵循乒乓球运动的制胜规律，深刻认识和掌握乒乓球运动制胜因素进行刻苦训练。所谓乒乓球运动的制胜规律，就是在乒乓球竞赛规则的限定下，为了在比赛中战胜对手、争取好成绩必须遵循的客观规律。我国乒乓球运动在世界乒坛长盛不衰，与我国乒乓球界的精英们能深刻把握乒乓球运动的制胜规律和制胜因素是密切相关的。

一、稳

"稳"之所以是乒乓球运动的一个重要制胜因素，主要是因为：乒乓球比赛需要运动员在水平比较高的兴奋状态下，还要能保持高水平的运动感知觉、运动形象思维、运动注意力和运动观察力等运动智力因素的执行操作能力，同时还要发挥适度的运动自信心、运动好胜心、运动情绪稳定性、运动毅力等运动非智力因素的动力调节作用。随着比赛体能的变化和局势的变化要努力做到体能、运动智力和运动非智力因素的高水平状态的优化组合，才能充分发挥竞技能力，才有可能达成竞赛目标。一切技战术能力的发挥都离不开运动员始终注意调整以上三方面主体因素所组合出的“体能+运动智力+运动非智力因素>3”功效。很多运动员的比赛发挥失常就是因为没有很好地调动和维持三因素组合出高水平的综合效应，也就是从外在比赛行为表现上没有做到“稳”。“稳”的制胜因素本质就是要做到内在有体能、运动智力和运动非智力因素的高水平的组合效能，外在表现出体能的充沛和稳定的技战术能力的高水平发挥。

二、准

从世界优秀乒乓球运动员的技战术能力看，中国队队员在“准”上是更胜一筹的。这个“准”不仅包括对技战术判断与运用能力方面做得“准确”，更在技战术运用效果主要是击球效果和打击对手薄弱位置点得分上表现上出高度的“准确性”。在具体的实践中，仅从击球与球落点角度看，要做到“准”，需从以下几点考虑并进行练习：

（一）提高和压低球运行的弧线的曲度

制造不同的球的运行弧线曲度，主要从三方面入手：一是击球时的拍形角度，二是击球部位，三是发力方向。击球拍面与台面的夹角成钝角时，击球部位应降低；击球拍面与台面成锐角时，击球部位应升高。球打出距离相同条件下，发力方向越向上，所产生的球的弧线曲度则越大；若发力方向向前或前下方，球的弧线曲度则减小。

（二）增长或缩短球的打出距离

击球时以摩擦球为主，减小向前打击力量，可以缩短打出距离。击球时力量通过球心，向前的打击力量越大，摩擦越少，打出的距离就越长。

（三）打不同距离、不同高度的球对弧线的要求

打离网近而低的球，要适度提高弧线的曲度，缩短打出距离；打离球网远而低的球，也要适度提高弧线的曲度，可增加打出球的距离；打离网近而高的球，对弧线要求不大，只是打出的距离不宜过长；打离网远而高的球，要适度提高弧线曲度，打出距离要长。

（四）打不同旋转的球对弧度的要求

打上旋球要压低弧线曲度，缩短打出距离。压低弧线曲度的程度要视来球的旋转程度，上旋越强，越要压低弧线的曲度，以免球触拍后向上反弹出界或出高球；打下旋球应适度提高弧线的曲度。下旋越强，弧线曲度就应越大，以免球触拍后向下反弹下网；打左右侧旋球时，来球旋转越强，越要相应地向左右调整拍面方向，避免球从左右侧边线出界。

（五）不同击球时间对弧线的要求

打上升期的球，弧线曲度不宜过大，打出的距离要短；打高点期的球，有一定的弧度即可，但应注意缩短打出距离；打下降期的球，需加大弧线曲度，适当增加打出球的距离。

三、狠

“狠”是个形容词，是用来描述乒乓球优秀运动员比赛风格特点的。20 世纪 90 年代后乒乓球规则的变化越来越鼓励运动员积极主动进攻，运动员的击球力量越来越大，被大家形容为越来越“狠”。从运动非智力因素的角度看，也是运动员比赛中运动自信心、运动好胜心和运动毅力具有坚定性、果断性等优秀品质的行为体现。对于选材和培养技术风格具有指导性和启发性。多年以来的积淀大家公认“狠”是乒乓球优秀运动员制胜的一个重要因素。

根据教学训练实践，抓好运动员的击球力量的发展是提升“狠”这一制胜因素的重中之重。要培养击球力量主要应做到以下几点：

（1）击球前身体略向前移，保证球拍与来球有一定的挥拍距离，这样可保证击球时加大击球加速度，增大球的力量。

（2）整个身体放松协调，结合脚、腿的蹬地力量，通过转体、身体重心移动、挥拍等动作，在意识的引领下形成“整劲”，让击球前的相关手臂肌肉得到充分拉长，保证击球的一瞬间加快挥拍手臂的摆动速度。

（3）适当增加球拍的重量和弹性。

（4）经常进行适度的各种专项快速力量主要是专项爆发力的

训练。

(5) 在训练时,少打借力球,多打发力球,通过各种措施提升发力意识也非常关键。

四、快

打出的球如果速度快将具有可使对手任何合理技术遭到一时破坏的“杀伤力”。乒乓球规则规定比赛必须“合法还击”,即击球者用符合规定的手段回击来球,将球击过球网并命中对手台区的完整过程。合法还击所消耗的时间越短,击出的球速就越快。要加快击球的速度,一是靠缩短合法还击所消耗的时间,二是靠尽可能缩短球在空中飞行的时间。在具体实践中,由于打法的不同,加上在击球时站位离球台的远近也不一样,所以在击球时常会出现各种不同的节奏速度。当今,在比赛中利用各种不同的节奏速度破坏对方习惯的击球动作已经成为技战术运用的重要手段。总之,无快不破。根据实践,要提高球速可采用的方法主要有:

(1) 站位时要靠近球台,打球的反弹上升期。

(2) 还击时,充分发挥击球力量,并尽可能使击球时的力量接近球心。

(3) 尽可能压低弧线高度,缩短打出距离。

(4) 勤学苦练总结经验,不断提高协调性、反应速度和移动速度。

(5) 熟练后,还要有快慢结合、适应快、移动快、变化快、快中有慢等更辩证,更丰富的 快的内涵。

五、变

“变”是生存、制胜之道,是乒乓球技战术运用成功的基础。“变”在乒乓球运动中包括:主动变化和随机应变。因为变才可能调动对手,让对手失去有利位置、错失最佳击球时机,从而获得得分。在乒乓球比赛中,仅凭单一意图的技战术运用非常容易被对手识破,很难奏效，只有变才能创造机会，达到攻其不备，出奇制胜的目的。为了制胜，变是王道，具体来讲就是在规则允许下，尽可能从各方面制约限制对手，充分发挥自己的长处，让对手不适应，不能让对手制约自己，自己不适应，这是乒乓球比赛中追求的"变"的本质。要做到变，可从发明运用新工具、新技术、采用不同制胜因素组合的新型战术打法等方面着手教学与训练。

六、旋

"旋"也就是"转"。通过打乒乓球我们会认识到性质迥异的旋转球往往能造成对手判断失误，直接失分或陷入被动。在对抗过程中，通过发球、攻球、推挡球、搓球、拉球、削球产生各种旋转变化会增强球的威力，如果再加上加快击球速度，打出的球威力也会更加强大，但是，我们不仅应认识到旋转能增强球的威力，更重要的是要认识到并不是球越转越好，而是球的旋转变化越多越好。另外还要认识到，加转是基础、是前提，没有加转，不转就没有了意义。对于"旋"应有以下几点认识。

（一）球的基本旋转类型

乒乓球是处在三维空间的物体，当球旋转时自然会产生一条通过球心的旋转轴，形成各种各样的旋转轴，但无论怎样旋转，乒乓球总是始终围绕三条基本轴进行旋转，产生 6 种基本变化：上旋与下旋、左旋与右旋、顺旋与逆旋，见图 5-1。

三条基本旋转轴是：

（1）上下轴（竖轴）：通过球心与台面相垂直的轴。从击球者方位看，球绕此轴顺时针旋转为左侧旋球，逆时针旋转为右侧旋球。

（2）左右轴（横轴）：通过球心与击球线路相垂直的轴。从击球者方位看，球绕此轴顺时针旋转为上旋球，逆时针旋转为下旋球。

（3）前后轴（纵轴）：通过球心和击球线路相平行的轴。从击球者方位看，球绕此轴按顺时针方向旋转为顺旋球，按逆时针方向旋转为逆旋球。

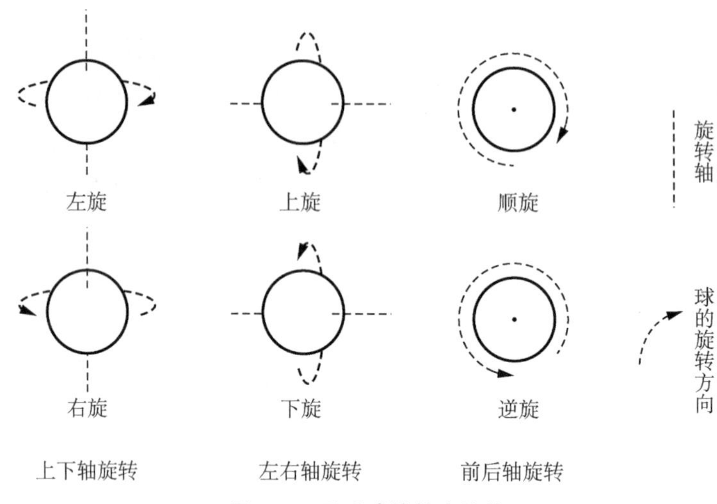

图 5-1　乒乓球的基本旋转

(二) 各种旋转球的特性

各种旋转性能球的特性,见表 5-1。

表 5-1　各种旋转球的性能

旋转轴	横轴		纵轴		竖轴	
旋转	上旋	下旋	顺旋	逆旋	左旋	右旋
飞行情况	弧线弯曲度大	弧线弯曲度小	拐弯不明显	拐弯不明显	右拐弯曲度大	左拐弯曲度大
反弹情况	向前冲	前进力小	右拐明显	左拐明显	变化不大	变化不大
平挡后情况	向上飞	向下飞	不明显	不明显	向左飞	向右飞

纯粹的不旋球和典型的 6 种旋转球是不存在的,绝大多数球都是围绕三条基本轴的偏斜轴转动的混合旋转球。需要注意的是,对于顺旋球和逆旋球,由于球落台后会向两侧拐弯,要加强判断,避免打空,同时还要注意,打这两种球的时机是在球反弹起拐弯即将结束时或球刚弹起还没有完全释放性能时击球,不要在球拐弯的过程中“打”。

（三）加转的方法

（1）击球时保持较长的力臂，让球拍给球的作用力远离球心。

（2）加大切、搓、拉、削球时的作用力。

（3）摩擦球时，加快挥拍臂的摆动速度。

（4）合理利用来球的速度和旋转。

（5）增加球拍覆盖物的摩擦系数。

七、全

当今乒乓球运动已经发展到了非常高的水平，优秀选手的输赢在伯仲之间，有时不可控的外在因素也会成为影响比赛的关键因素，对抗越来越激烈，输赢更难以预料，更增加了比赛的不确定性和观赏性。乒乓球属于技能主导类竞技项目，运动员的运动心理素养影响他们的方方面面，在运动员的综合竞技能力中占很大成分。在一定程度上说，乒乓球运动是一项比心理发展能力的运动项目也毫不夸张。因此，要想成为优秀运动员，就必须努力打造“全”的技战术体系，不能有明显的技术漏洞或缺陷，对于能充分体现自己身心特点的技战术还要打造成“绝招”才行。从优秀运动员的综合竞技能力素养来看，培养“绝招”也是其制胜能力“全”的一部分，甚至是关键部分。除技术层面之外，对于“全”的内涵的认识，应把握以下几点：

（1）符合乒乓球竞技的心理因素（包括运动智力和运动非智力因素），随着体能和技战术能力的发展，要有超前发展的理念与指导思想。在认识上能认清，在具体操作上能抓住影响运动员训练和比赛的关键运动心理因素是提高训练竞赛成效和达成训练竞赛目标任务的关键。运动心理因素具有内隐性、客观性、规律性，在具体实践中做到目的明确地主动应用这些运动心理因素，融入具体的技战术之中并非易事，需要“悟”，需要千锤百炼。在这一点上，就是说运动心理发展要全面。

（2）在发展乒乓球竞技能力的过程中，要有主次和先后的全面培养技战术的意识和实践，要做到体能和技战术全面发展。

(3) 对于乒乓球运动规则的发展趋势、对装备性能、对比赛条件的影响、对各种条件下输赢的认识等运动经验的理解要全面。因此，尽可能接受不同风格教练员的指导，多打比赛，以赛“带”练非常重要。

思考题

1. 请简要说说乒乓球制胜的因素有哪些?
2. 请简要说说如何压低球运行的弧线的曲度?
3. 请简要说说离球网远而低的球应该如何应对?
4. 你认为在文中提到的几个制胜因素中，你认为最重要的是哪个，为什么?

第六章

乒乓球运动的基本技术

乒乓球竞技运动发展至今，乒乓球技术已经形成了完整的体系，并且随着乒乓球运动的进一步发展还会不断出现一些新技术、新打法和新理念。对于初学乒乓球的大学生来讲，在有限的时间内不可能学会极其复杂的各种乒乓球技术，选择好重点内容，能做到提纲挈领即可。根据适用于非体育专业大学生的公共体育乒乓球课的教学大纲，初学乒乓球的大学生应该知晓和掌握的乒乓球基本技术总结如下。

第一节 基本步法

随着乒乓球运动的发展，运动员步法的灵活性和技巧性越来越影响到他们技战术能力的发挥，步法能力越来越显示出其重要性，人们已经认识到步法是及时准确地使用各项不同技术的衔接环节或枢纽，也是执行各种战术变化的保证。步法是指为了选择合适的击球位置所采用的移动脚步的方法，它是乒乓球击球过程的一个重要环节，是关于下肢移动的专门技术。

乒乓球运动的步法不仅要知晓有大中小的移动范围之分，有前后、左右、斜向的移动方向之别，还有需要的各种移动形式。对于乒乓球步法移动的形式的动作方法分述如下：

一、单步(见图 6–1)

单步是以一只脚的前脚掌为轴，另一只脚向前(6–1–2)、后(6–1–3)、左(6–1–4)、右(6–1–5)不同方向移动一步，当移动完成时身体重心要落到迈步腿上。单步要做得简单、灵活、重心平稳，单步往往在处理近网的短球或遇到追身球时使用。

图 6–1　单步

二、并步(见图 6–2)

并步也称作滑步，它是先以来球异侧方向的一脚蹬地向另一只脚移动半步或一步，然后来球同侧的脚，蹬地向同方向移动一步。并步是各种打法在左、右移动时经常用到的步法。并步要做得没有腾空，身体重心波动小，能保持身体的平衡和稳定，通常一个并步比一个单步的幅度大些。

图 6-2　并步

三、跨步(见图 6-3)

跨步是来球方向的异侧脚先蹬地发力,另一只脚向来球方向侧跨一大步,蹬地脚也迅速跟进,击球结束两脚应立即还原成准备姿势(6-3-4)。跨步的幅度较大,也会降低身体重心,这种步法常常用来处理正手位大角度的来球和突然受到攻击时用来削球还击,如向左侧跨步(6-3-2),向右侧跨步(6-3-3)的步法移动。

6-3-1　6-3-2　6-3-3　6-3-4

图 6-3　跨步

四、交叉步(见图 6-4)

交叉步是用来对付距离身体比较远的来球时常采用的步法。交叉步就是先用靠近来球方向的脚做支撑脚(6-4-2 右脚为支撑脚),用远离来球的脚迅速向前跨出一大步(6-4-3 左脚跨出一大步),用原先的支撑脚跟着前脚的移动方向再向前迈出一步(6-4-4)。做交叉步时,膝关节要保持弯曲,与来球方向同侧脚外旋、异侧脚内旋,腰、髋迅速转向来球方向,与挥拍击球同时进行。交叉步的移动范围和幅度都比较大,这种步法应用在从反手位侧身进攻后扑右大角的空当,或从正手位回反手位的大角度时采用。

6-4-1 6-4-2 6-4-3 6-4-4

图 6-4 从反手位到正手的交叉步

第二节 基本发球技术

发球是乒乓球技术中唯一一项不受对方限制的技术,在比赛中起着非常重要的作用。发球、接发球和发球抢攻被称为“前三板”,它是我国乒乓球运动的特长技术。进入 2001 年 9 月 1 日乒乓球实行 11 分制,2002 年 9 月 1 日乒乓球发球规则,改为“无遮挡发球”,使得现代乒乓球运动的发球技术要求越来越高,越来越白热化。发球的方法各种各样,按照发球的形式可分为:低抛发球、高抛发球和下蹲式发球;按照方位划分,可分为:正手发球、反手发球和侧身发球。对于初学乒乓球的大学生来讲,练习发球不是一件容易的事,现择要分述如下:

一、平击发球

平击发球有:正手和反手两种。对于初学乒乓球的大学生来讲,应首先掌握这种速度慢、力量小、旋转弱的一般性的上旋球,掌握这种发球是练习其他发球技术的基础。

(1) 正手平击发球的动作要点(见图 6-5)

以右手持拍为例,近台偏左站位,降低身体重心,抛球的同时向右侧上方引拍,拍形稍前倾,在球的下降期击球的中上部上臂带动前臂向前发力,撞击摩擦球的中后部,第一落点在球台的近端线区域。

图 6-5　正手平击发球

(2) 反手平击发球的动作要点(见图 6-6)

两脚平行或右脚稍前,近台站立于球台偏左位置,身体稍微左转,含胸收腹,在将球抛至身体左前方的同时,右手向左上方引拍。右臂外旋,拍形前倾,在球的下降期击球的中上部向右前方发力,撞击摩擦球的中后部,击出球的第一落点在球台的近端线区域。

图 6-6　反手平击发球

二、奔球

奔球是一种球速快、落点长、冲击力强、飞行弧线较低的发球。奔球分正手和反手两种发球，具体如下。

(1) 正手奔球动作要点(见图 6-7)

以右手持拍为例，左脚稍前，稍右转身体，当球向上抛起时，右手随即向右后上方引拍，拍形稍前倾，腰也向右转。当球下降至网高时，以肘关节为轴，上臂带动前臂由后向左前方挥拍，触球瞬间用手腕的弹击力量，变化拍面角度击球的右中上部，发斜线或直线球。发球时身体重心由右脚向左脚转移，击球后及时还原。

图 6-7　正手发奔球

(2) 反手奔球动作要点(见图 6-8)

以右手持拍为例，右脚稍前，微左转身体，当球向上抛起时，右手随即向左后方引拍，上臂自然靠近身体右侧，手腕适当放松，重心在右脚。当球下降至网高时，以肘关节为轴，上臂带动前臂由左后方向右前方挥拍，触球瞬间用手腕的弹击力量，变化拍面角度发斜线或直线球，球拍摩擦球的左侧中上部。发球时身体重心由左脚向右脚转移，击球后及时还原。

图 6-8　反手发奔球

三、正手发下旋转与不转球

在乒乓球比赛中可以通过发下旋与不转的球迷惑对手，破坏对手的接球，造成对手判断失误，以达到直接得分或伺机抢攻的效果。这种发正手转与不转的球是相似的动作发出不同的旋转达到迷惑对手接发球的效果。

正手发下旋与不转球的动作要点（见图 6-9）：左脚在前、右脚在侧后站位，抛球的同时随腰右转向后上方引拍。手腕外展，拍面后仰，手臂放松，准备发力。当球落至网高时，持拍手迅速向前下方挥动，发球后，挥拍动作及时收回并迅速还原。

图 6-9 正手发下旋球

发下旋球时，用球拍的下半部摩擦球的中下部，拇指、食指和手腕在触球瞬间爆发式发力，要有球拍吃住球的感觉。

发不转球时，用球拍的中上部撞击球的中下部，拍面后仰的角度要小些（见图 6-10）。

图 6-10 正手发不转球

四、正手发左侧上、左侧下旋球（见图 6-11、图 6-12）

正手发左侧的上、下旋球在比赛中运用较多，这种发球是以旋转为主，弧线低，向对方左侧偏拐，这两种发球动作相似，有一定隐蔽性。

正手发左侧的上、下旋球的动作要点：以右手持拍为例，左脚在前，右脚在侧后，抛球时右手向右后上方引拍，身体右转，球拍稍微后仰，手腕外展。当球下落时，右臂自右上方向左下方向挥拍，在接触球的瞬间右手前臂和手腕爆发式用力，以增强旋转，挥拍结束，迅速还原。发左侧的上旋球时，球拍从球的右侧中下部向左侧面摩擦球，手腕勾手上扬送球加转；要发左侧下旋球时，右手前臂自右上方向左前下方挥拍，摩擦球的中下部向左侧下部运行，以腰为主，带动身体左转。

图 6-11　正手发左侧上旋球

图 6-12　正手发左侧下旋球

五、反手发右侧上、右侧下旋球(见图 6-13、图 6-14)

反手发右侧上、下旋球与正手发左侧上、下旋球动作基本相同。反手发右上、下旋球的动作要点：以右手持拍为例，右脚稍前，身体重心放在右脚上。抛球的同时向左后方引拍，左转腰部便于发力，拍面后仰，手腕适当内旋，当球下落时右手自左上方向右下方向挥拍，在接触球的瞬间右手的前臂和手腕爆发用力，击球后要有送球随挥动作便于加转。要发反手右侧上旋球，就要摩擦球的中下部向右侧上部挥拍；发反手右侧下旋球，就要摩擦球的左侧的中下部向右侧挥拍。

图 6-13　反手发右侧上旋球

图 6-14　反手发右侧下旋球

六、高抛发球

高抛发球是由我国吉林省运动员刘玉成于 1964 年发明的，后成为风靡世界乒坛的一项发球技术。高抛发球这项发球技术是将球抛高 2—3 米位置，利用球下落时的加速度增大对球拍的压力。这种技术的掌握需要对击球时机有很好地把握，这种发球速度快、旋转强、变化多，具有突然性等特点，被世界许多优秀运动员所采用。

正手高抛发球动作要点(见图 6-15)：以右手持拍为例，抛球手持球稳定地将球抛起，接近垂直，保证球在身体的右侧前方下落。当球下降到头部高度时，持拍手从右上方向左下方挥拍击球。击球时击球点要离身体右侧腰部前 15 厘米至 20 厘米位置为宜。发左侧上旋球时，球拍摩擦球的右侧中上部；要发左侧下旋球时，球拍应摩擦球的右侧中下部；要发直线球时球拍应正向击球的后中部；第一落点在本方半台的端线附近，发力方向和挥拍路线要对准对方球台的右角。为增加发球的落点变化，常常配合发侧身发对方正手直线的上旋和下旋球相结合。

图 6-15　正手高抛发球

七、正手发逆旋球

为了制胜，高水平运动员还会一种在原先顺旋转基础上而发明的一项逆旋转发球技术。对于初学乒乓球的大学生来讲，在了解基础上，也可以尝试练习这种很有威力的发球技术。这种发球技术非常适合于正手发球后两面上手抢攻的打法。这种发球动作隐蔽，速度快、发力协调，变化多，旋转强，用正手发的这种球具有反手发的球的性质。

发逆旋球的动作要点(见图 6-16)：以右手持拍为例，左脚在前，右脚在后，引拍后肘部抬起，手腕向内后方向引动，触球时向外侧摩擦发力。要发侧下旋球时，击球的中下部，向下用力；发侧上旋球时，摩擦球的左侧上部，向前用力。

图 6-16　正手发逆旋转球

第三节　反手推拨球技术

推挡是直拍快攻打法的基本技术之一。推挡技术的特点是速度快、近台站位、动作小、稳定性强。不论为了健身，还是提高竞技能力打好扎实的推挡技术基础十分重要，即使是优秀运动员也可以用推挡在某些机会制胜，在强调进攻的时代背景下，也不能把推挡看做是一种纯粹的乒乓球防守技术。在比赛中，不仅可以用稳定的推挡调动对手，有时可以用它来牵制对手，为正手进攻或侧身拉球创造有利机会。对于初学乒乓球的大学生来讲，直拍推挡技术是一个教学的重点技术。常用的反手直拍推挡和横拍反手拨球技术分述如下：

一、推挡球

推挡球是初学者的入门技术，动作较简单。平挡球就是借助来球的反弹力进行推挡的乒乓球技术，平挡的球速度慢、力量小、旋转慢。

动作要点（见图 6-17）：以右手直拍反手平推球为例，左脚稍微靠前一点或两脚平行站立与肩同宽，近台站位，两膝弯曲，将球拍置于腹前、前臂与台面平行，球拍引拍靠近身体成半横状态约与台面垂直。来球时，拇指放松、食指用力，前臂和手腕稍外旋引拍后向前迎击，对准来球的反弹方向，借助来球的反弹力击球。击球后，随势前送球拍，并迅速还原准备姿势。

图 6-17　直拍反手推挡球

二、加力推

在比赛中，为了稳定地压制对手，迫使对手后退或被迫移动，让对手陷于被动局面，在反手相持时常常采用加力推技术扭转被动局面。加力推挡技术回球力量大、速度快、落点长、弧线低，如果能与减力挡协调组合更有利于控制和调动对手。

加力推动作要点（见图 6-18）：以右手持拍为例，左脚稍微靠前，身体离球台 50 厘米左右，动作方法同前面的推挡球，只是引拍更高些，击球时向前下方用力意识更强些，在来球反弹的上升期的后期也就是来球反弹接近最高点时，击球的中上部。

图 6-18　直拍反手加力推球

三、减力挡

减力挡的目的就是通过回球力量、落点的变化试图打乱对手的攻防节奏，伺机进攻，如果与加力推有机结合可很好地对付弧圈球。减力挡具有回球弧线低、速度慢、力量小、线路短，以柔克刚的特点。

减力挡的动作要点（见图 6-19）：以右手持拍为例，左脚稍前或两脚平行近台站位，击球时，手臂要外旋，前臂有上提动作，拍形前倾，在来球反弹的上升期缓冲击来球的中上部。击球后，右手臂和手腕要随势回收，并迅速、协调地还原成基本站位。

图 6-19　直拍反手减力挡

四、推下旋球

在乒乓球对攻中使用推下旋球技术可以改变球的旋转性质，让对手攻下网或推下网，不易发力而陷入被动，以便直接得分或创造进攻机会。

推下旋球的动作要点（见图 6-20）：以右手持拍为例，左脚稍微靠前近台站位，身体重心稍高，手臂后引，右手前臂上提，拍形稍微后仰。在来球反弹的高点期快速摩擦球的中下部，向前下方推切，增大球的下旋速度。击球后右手前臂和手腕随势挥动，挥动距离不宜长，要快速还原成击球前的准备姿势。

图 6-20　直拍推下旋球

五、直拍横打

直拍横打站位近，速度快，落点变化灵活，具有一定的威胁，是相持中常用的技术，是直拍反手位进攻得分的重要手段。

直拍横打的动作要点(见图 6-21)：击球前两脚开立略比肩宽，左脚略前以便衔接正手攻球技术，含胸收腹。手腕内曲，拍面稍前倾。右肘关节稍前顶，右前臂向身体内收，右手向左后下方引拍，引拍至左腹前，球拍不低于台面，一般引拍高度应略低于来球，身体重心移至左脚。在来球跳至上升期时，右肘关节向右前上方平移，之后以右肘关节为轴，前臂、手腕，手指加速向右前上方挥动。拍形稍前倾，击球中上部，触球瞬间手腕外展，身体重心随之移至右脚。击球后手臂随势前送，然后迅速还原。

图 6-21　直拍横打

六、横拍反手拨球

反手拨球是横握拍进攻性打法较常用的一项相持技术，具有动作幅度小、速度快、落点多变、力量大、突然性强等特点。

横拍反手拨球的动作要点(见图 6-22)：以右手持拍为例，两脚平行站位，两膝微曲，身体重心位于两脚之间，向后下方引拍，肘关节稍微前顶，右手腕内收，身体为左转，右肩稍下沉。以肘关节为轴，在

图 6-22　横拍反手拨球

来球反弹的上升期击球的上中部，向右前上方挥拍快速撞击并摩擦球。用力集中击球，随势前送，迅速还原成击球前的准备姿势。

第四节　基本攻球技术

攻球技术是乒乓球运动的最重要的基本技术。现代乒乓球运动的发展非常快，打法越来越多，技术水平已经到了非常高的水平，竞争非常激烈，这就对攻球能力提出了更高的要求。乒乓球的攻球技术可分为正手攻球、反手攻球和侧身攻球。在每一类攻球技术中，又可分为：快攻、快点、快带、突击、杀高球、反手拧拉等攻球技术。对于初学乒乓球的大学生来讲，在此，主要分述以下几种代表性攻球技术。

一、正手快攻技术

在比赛中，为了调动对方、伺机扣杀或直接得分，常常运用该项乒乓球快攻技术。这种正手快攻技术具有站位近、动作小、出手快、借力还击等特点。

动作要点（见图 6-23）：以右手持拍为例，左脚稍微靠前，近台站位，引拍至身体右侧方，右肩稍微下沉，身体重心在右脚上，拍形前倾，在来球反弹的上升期击打球的中上部，身体配合右手前臂向左上方挥拍左转身体，击球后随势挥拍，身体重心移到左脚，但挥拍不要超过前额高度，并要注意迅速还原成击球前的准备姿势。

图 6-23　正手快攻

二、反手快拨技术

在比赛中，为了扩大主动进攻的范围，不论直握球拍，还是横握球拍都常常用反手快拨技术。反手快攻技术具有站位近台、动作小、速度快、突然性强等特点。

动作要点（见图 6-24）：以右手持拍为例，反手攻上旋球时，右脚稍前站位，同时左转身体，右肩稍微下沉，右臂肘关节靠近身体。向左侧引拍时，身体也稍微左转，引拍的高度略高于来球，丹田发力，用腰部的转动带动上臂和前臂向右前方挥拍发力，击球时手腕外旋，在来球的上升期后期即接近最高点时，摩擦反弹来球的中部或中上部位。反手攻打下旋球时，拍形要微后仰或垂直，右手臂肘关节为轴，用前臂发力为主，在反弹来球的下降期前期摩擦球的中部或中下部。

图 6-24　反手快拨

三、正手快拉技术

在比赛中，为了对付削球，用正手拉出不同线路、落点和不同轻重力量的上旋球，伺机突击或扣杀，这种技术就是正手快拉技术即正手拉攻技术。正手快拉技术具有动作小、速度快、线路多变等特点。

动作要点（见图 6-25）：以右手持拍为例，近台站位，左脚稍微靠前，向身体右侧后下方引拍的同时右转身体、沉右肩，重心放在右脚上。拍形稍微前倾，在来球的高点期或开始下降时击球的中部或中上部。以右手臂的前臂和手腕发力为主，向左前方挥拍，向上的拉球力量要大于向前的力量，击球的同时也将身体重心移动到左脚上。

发力结束要有跟随动作,但要及时还原成击球前的准备姿势。

图 6-25　正手快拉

四、反手快拉技术

反手快拉技术即反手拉攻技术是横拍打法对付下旋球的一项重要技术,反手快拉具有站位近台、动作小、速度快、落点变化多等特点。

动作要点(见图 6-26):以右手持球为例,近台站位,可采用单步或跨步向左方、左后方或左前方移动。击球前引拍时,拍形要稍微前倾,右手臂和手腕自然放松,反手迎前加速挥拍,在反弹来球的高点期或下降前期摩擦球的中上部。要根据反弹来球的旋转程度决定摩擦球的程度。如果来球旋转较强,多以摩擦为主;如果来球下旋较弱,就以碰撞为主,保证向前的力量稍大些。

图 6-26　反手快拉

五、正手杀高球技术

杀好高球并不容易,是一项专门的乒乓球技术。杀好高球可以直接得分,也可以直接压制对方。正手杀高球技术具有动作幅度大、力量大、击球点高等特点。

动作要点(见图6-27):以右手持拍为例,左脚在前,离台稍远,右手臂要随腰髋向右转动,尽量向身体右后方引拍,增大击球距离。击球时,拍面保持前倾,击球的中上部,右手臂加速向前下方挥拍,右脚蹬地,丹田发力。既可以在来球的上升期击球,也可以在来球的下降期击球,前者叫"快杀",后者叫"慢杀",击球后要有跟随送球动作,但要迅速还原成击球前的身体准备姿势。

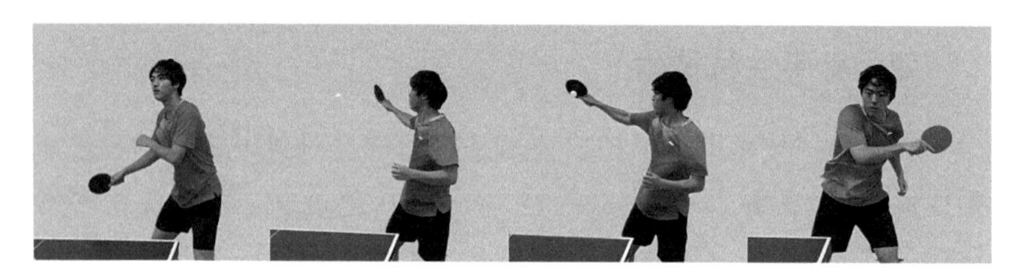

图6-27 正手杀高球

六、正手快带

在比赛中,为了从相持或被动中转为主动,可以采用正手快带技术减弱对方来球的旋转、力量和速度,以改变来球的运行节奏。这种正手快带技术具有速度快、弧线低、落点变化多、借力还击等特点,是一项常用来对付弧圈球的重要技术。

动作要点(见图6-28):以右手持拍为例,左脚稍微靠前,近台站位,右手臂自然弯曲在身体的右前方,拍形前倾,稍微高于来球,右手腕保持相对稳定,借助腰髋的转动,前臂向前迎球,在来球的上升期

图6-28 正手快带

快速击球的中上部。击球后，手臂要有跟随动作，但要迅速还原成击球前的准备姿势。

七、正手突击

在比赛中，为了处理好下旋球进行低球突击抢攻和直接得分，直拍和横拍正胶快攻打法在遇到削球或下旋球时常常采用正手突击技术。这种技术的特点是动作小、速度快、突然性强、力量大等。

动作要点（见图6-29）：以右手持拍为例，近台站位，左脚稍微靠前，右臂的前臂适度随右转身体，将球拍引至右侧前方，身体重心在右脚上。拍形垂直或稍微前倾，当来球比球网稍高时，以腰带前臂向前上方发力，在来球的高点期撞击球的中下部。当来球的下旋比较强时，摩擦球的时间要长些，击球后球的运行弧线要高些；如果来球的下旋比较弱，摩擦球的时间要短些，回球弧线要稍低些。击球后要有跟随动作，并要迅速还原成击球前的准备姿势。

图6-29　正手突击

八、反手拧拉

反手拧拉具有隐蔽性高、旋转性强、飘忽不定的特点，而且球带有侧上旋的性质，容易打乱对方的节奏，为自己的下一板正手进攻创造条件。比赛中此种技术主要用于回接反手位短球，破坏对方第三板抢攻的节奏。

动作要点（见图6-30）：右脚向前迈步，身体前迎，重心跟上，肘关节抬高前顶，手腕内曲，拍头向下且低于来球上升高点期引拍，击球时，左脚蹬地，身体重心向上提起，以肘关节为支点，在来球上升后期或高点期向右前上方触球；当来球为下旋球时，则触球中部（侧面中部）多向右前上方摩擦球；当球为上旋或不转时，拍形垂直，触球中部或侧面中部，多向右前方发力摩擦球。触球后，身体继续前迎，手臂向右前上方，随势挥拍。击球后，右腿迅速蹬地向后撤，还原准备下一板击球。

图 6-30　反手台内拧拉

第五节　搓球基本技术

搓球具有动作幅度小、出手快、弧线低、旋转与落点变化多等特点。对于搓球应有三点认识：一是，它是初学者的必学技术；二是，它是对付下旋球的比较稳妥的技术；三是，通过搓球可以过渡来球，为进攻创造机会，本身也可以成为得分的手段。搓球从不同的角度可以划分为几种搓球技术，从时间角度划分为：快搓球和慢搓球；从距离长短划分为：搓长球和搓短球；从搓出球的旋转性能可划分为：搓转与不转球。在比赛中搓球时，要结合具体情形调节好拍面角度，综合考虑好搓球的距离、时间和来球旋转等因素。下面就几种典型搓球分述如下：

一、慢搓球

在比赛中，对于旋转较强、线路稍微长些的来球，可用慢搓回接，如果与快搓结合更能变化击球节奏。慢搓球具有动作幅度较大、速度慢、稳定性强等特点。

动作要点(见图 6-31、图 6-32):以右手持拍为例,正手慢搓时,右脚稍微靠前,近台站位,右手臂前臂和手腕外旋让拍面后仰,腰髋向右转动,向右上方引拍,在来球开始下降时用球拍的下半部摩擦球的中下部,右手前臂向前下方快速用力的同时,右手腕也要内旋配合用力。击球后要有身体的跟随动作,并要迅速还原成击球前的身体准备姿势;反手慢搓球时,是左脚稍微靠前,近台站位,腰髋适度左转,右手前臂和手腕内旋将球拍引到身体左上方,拍面后仰,在来球的下降前期,用球拍的下半部摩擦球的中下部,右手臂的反手位向前下方用力,同时手右手腕稍外展配合用力,击球后迅速还原成击球前的身体准备姿势。

图 6-31　正手慢搓

图 6-32　反手慢搓

二、搓不转球

在比赛中,有时为了迷惑对方会采用相似的手法搓出转与不转的球，这是在比赛中争取主动的一种过渡手段，也是组成搓攻战术的主要技术。搓转与不转的技术具有旋转程度变化大的特点。

动作要点（见图 6-33、图 6-34）：不论是正手，还是反手搓转与不转球，搓出球的旋转程度取决于球拍作用球的作用力与球心的远近。如果要搓出旋转球就要加大引拍距离和拍面的后仰程度，前臂和手腕加速向前下方切球，切球时，用球拍的下半部切球切得越薄则球的旋转越厉害，如果在搓球时，减小拍面的后仰程度，不是摩擦球而是用球拍的中上部触球，撞击球的中部或中上部，让击球的作用力线接近球心，击出的球为不转球或旋转程度较低的球。

图 6-33　正手搓不转

图 6-34　反手搓不转

三、搓球摆短

在比赛中，为了调动对手、控制下旋球和接好发球常常采用搓球摆短技术。这一技术具有动作幅度小、出手快、回球短的特点。搓球摆短有：正手搓球摆短和反手搓球摆短。

动作要点（见图 6-35、图 6-36）：以右手持拍为例，在正手搓球摆短时，右脚要向前移动，近台站位，向右侧后方引拍，拍形后仰，在来球的上升期，击球的中下部，右手前臂向前下方挥拍，同时右手腕适度发力配合，击球后，要有跟随动作，随后迅速还原成击球前的身体准备姿势；在反手搓球摆短时，身体向前移动，近台站位，腰髋稍微左转，向左后引拍至腹前，拍形后仰，在来球的上升期击球的中下部，右手前臂向前下方挥拍，同时手腕配合发力，击球后，要有跟随动作并迅速还原成击球前的身体准备姿势。正反手摆短时要注意挥拍动作幅度不能大，做到回球低、短、快。

图 6-35　正手摆短

图 6-36　反手摆短

第六节　弧圈球基本技术

弧圈球的发展历史并不长，但发展速度很快。在乒乓球比赛中，正反手两面拉弧圈已经非常普遍，弧圈球技术已经成为乒乓球比赛中的主要得分手段。弧圈球是一种将力量、速度和旋转融合在一体的进攻性技术，但对于健身来讲，练习弧圈球技术也能增加乒乓球健身的兴趣和效果。对于初学乒乓球的大学生来讲，在有一定乒乓球基础后，要循序渐进地、积极练习弧圈球技术。弧圈球技术可分为：正手弧圈球技术和反手弧圈球技术；根据弧圈球的旋转性质可分为：加转弧圈球技术、前冲弧圈球技术和侧旋弧圈球技术。

一、加转弧圈球

加转弧圈球也称为高吊弧圈球。在比赛中，积极采用加转弧圈球是对付下旋球的有效技术，在相持中可对击球节奏主动发起改变，争取主动。加转弧圈球的第一弧线较高，第二弧线较低，向上的旋转很强，但速度相对较慢。

动作要点(见图 6-37、图 6-38)：以右手持拍为例，在用正手拉加转弧圈球时，左脚在前，身体重心降低，右手臂自然下垂，腰髋向右侧适度转动的同时，向右后下方引拍，下沉右肩，重心移动到右脚上。击球时，拍面稍微前倾，右脚蹬地，丹田发力，右上臂带动前臂向前上方挥拍，右手腕也配合发力，身体也同时向左侧转动。击球时机是下降前期，击球的中部或中上部。尤其需要注意的是，在接触球时要重摩擦不要重撞击，在摩擦球的瞬间还要迅速收缩前臂加大摩擦力。击球后要有随势送球动作，但要迅速还原成击球前的身体准备姿势；在反手拉加转弧圈球时，两脚要平行或右脚稍微靠前站位，身体重心在两腿间，下沉右肩，腰髋稍微左侧转动，引拍至腹前下方，右手臂肘关节稍微向前顶出，右手腕内旋，拍面稍微前倾，击球时，以右手肘关

图 6-37　正手加转弧圈球

节为轴，右前臂加速向右前方挥拍。击球时机是下降前期，摩擦球的中下部，两脚蹬地，丹田发力，身体重心提起并稍微后仰配合发力。击球后，要有随势送球动作并迅速还原成击球前的身体准备姿势。

图 6-38　反手加转弧圈球

二、前冲弧圈球

在比赛中，为了对付接发球、搓球、削球、推挡或在相持中寻求优势，常常要用到拉前冲弧圈球技术。前冲弧圈球是把力量和旋转有机结合的弧圈球技术，特点是出手快、速度快、弧线低、上旋强、前冲力大。前冲弧圈球也有正反手之分。

动作要点（见图 6-39、图 6-40）：以右手持拍为例，在用正手拉前冲弧圈球时，左脚稍微靠前，要根据击球需要选择合适的站位，腰髋适度右转，向右后方引拍，身体重心移到右腿上，击球时，拍面前倾，在右手臂上臂带动下前臂加速摩擦来球的中上部，在来球的高点期或接近最高点时击球，向前上方挥拍。击球后要有跟随送球动作，随后迅速还原成击球前的身体准备姿势；在反手拉前冲弧圈球时，两脚平行或右脚稍微靠前站位，两膝微曲，身体重心在两腿之间，下沉右肩，球拍引至大腿内侧，拍形稍微前倾，右手腕内旋，右手肘关节稍微前顶，以右手肘关节为轴，右手臂的前臂向前上方快速发力，手腕配合发力。击球时在来球的高点期摩擦球的中上部，两脚蹬地提起重心，丹田发力。击球后，随势跟随送球，迅速还原成击球前的身体准备姿势。

图 6-39　正手前冲弧圈球

图 6-40　反手前冲弧圈球

第七节　削球基本技术

对于初学乒乓球的大学生来讲，练习削球技术是一项很好的健身、娱乐手段，对于有一定运动能力的乒乓球爱好者来讲，也是提高竞技能力的一项重要乒乓球技术。削球是通过旋转和落点变化来控制对方，使对方直接失误得分或为自己创造进攻机会。削球在乒乓球的历史发展中始终占有重要的技术地位。竞技乒乓球运动中的削球打法取决于球拍胶皮性能的改进和乒乓球技术的发展。20 世纪 90 年代，我国优秀乒乓球削球选手丁松发展了削中反攻技术，丁松改变了人们以往对削球会处于被动的观念，他将中远台的削球和攻球有机结合起来形成了削中反攻的典型打法，使比较强烈的下旋球和上旋球组合起来，开辟了削球打法发展的新前景。中国的削球打法的指导思想是转、稳、低、变、攻，这一指导思想凝练了旋转变化和落点变化的重要作用，对乒乓球竞技制胜进行身、心、技的全面发展提出了明确的指向。削球是一个复杂的技术体系，对于初学乒乓球的大学生来讲，在此，仅就主要削球技术进行分述。

一、削中近台球

削中台球具有站位较近、动作较小、击球点比较高、回球速度快、弧线较低等特点，主要用于消对方旋转较弱的球，配合落点调动对方。削中近台球可用正手削，也可用反手削。

动作要点(见图 6-41、图 6-42)：以右手持拍为例，在正手削中近台球时，站位要离球台 1 米左右，左脚稍微靠前，两膝微曲，腰髋稍微右转，身体重心下降并移动到右脚上。右手前臂向右后上方引拍至肩高，拍形后仰，在来球的下降后期击球最佳，击球的中下部，右手臂的上臂带动前臂向左前下方挥拍，前臂带动右手腕内收向左前下方挥拍摩擦球，身体重心移动到左脚上，击球后要有适度送球动作，击球后要迅速还原成击球前的身体准备姿势；在反手中近台台球时，右脚稍微靠前，两膝微曲，腰髋稍微向左侧转动，身体重心在左脚上。

图 6-41　正手中近台削球

图 6-42　反手中近台削球

右手臂自然弯曲向左后上方引拍，拍形要后仰，击球时，右手臂的上臂要带动前臂向右前下方挥拍，身体重心移到右脚上，在来球的下降期击球的中下部。击球后，随势跟随送球后迅速还原成击球前的身体准备姿势。

二、削追身球

在比赛中，经常会遇到中路追身球，这种追身球由于紧追身体，限制了手臂动作容易陷入被动或失误、失分，这种情况下，可以通过快速移动，给手臂留出空间，用削球的办法处理来球。用削球应对追身球是削球技术中比较难的技术。应用削球应对追身球时，应做到判断准、让位快、出手快、落点变化多等。

正手削追身动作要点（见图 6-43）：以右手持拍为例，在用正手削球时，如果来球近身偏右时，右脚后撤，含胸收腹，腰髋向右转动，右手臂靠近身体，前臂稍微外旋，向右上方引拍至肩高，拍面竖立，在来球开始下降时击球的中部或中下部，右手臂的上臂带动手腕向下缓冲用力压球，控制球的弧线。击球后随势左转身体送球，但要放松并迅速还原成击球前的身体准备姿势。

图 6-43　正手削追身

三、削不转球

在比赛中，运动员为了制胜或扭转被动局面需要采用动作相似的削加转球技术和削不转球技术。这种技术的特点就是动作相似，但效果不同，削出的球的旋转差别很大、动作幅度都比较大、击球时间都比较晚。削加转球技术与削不转球技术都是削攻型打法争取主动的一项重要技术。

削不转球技术的动作要点(见图 6-44):以右手持拍为例,在削不转球时,拍面要竖立起来,或者稍微后仰,用球拍的左侧或右侧偏上部位击球的中下部位置。要多撞击,少摩擦,向前下方推送来球。击球后要随势送球,并注意要迅速还原成击球前的身体准备姿势。

图 6-44　正手削不转球

第八节　接发球技术

乒乓球比赛是从发球和接发球开始的,在每一局比赛中对局双方的接球和发球机会均等。相对于接发球来讲,由于没办法限制发球方,所以接发球难度更大。在现代乒乓球比赛中,积极主动,接好发球,抢先上手是接发球的基本指导思想。平时练好各种接发球技术,才能在比赛中减少被动。

一、站位选择

站位合理才能为直接进攻对方创造有利条件。站位时,应注意:

(1) 应与对手斜着站位,即对手在左侧,自己就基本在左侧,反之亦然;

(2) 为了便于照顾球台的各个部位,接好长球或短球,站位时离球台 30—40 厘米为宜。

二、对来球性质的判断

要接好球，就必须准确判断好来球的以下几方面的情况：

(1) 判断旋转

判断球的旋转，可以根据以下几方面的情况进行：一是根据拍形。如果对方发球时的拍形是立着的，击球时击的是球的中后部，那么来球是上旋球或不转球。如果击球时拍形是平着或斜着，击球时击的是球的中下部或底部，则来球是下旋或侧下旋。二是根据动作轨迹。如果发球时，击球瞬间与假动作配合，手腕摆动幅度不大，来球一般是上旋或不转。如果击球时，手腕的摆动幅度比较大，动作固定，击球后有一个停顿，那么来球一般是侧下旋或下旋球。三是根据弧线。如果来球速度快，有“窜拱”的味道，弧线比较低平，那么来球一般是上旋或不转。如果球的运行比较平稳，弧线略高，出台可能性不大，则来球一般是下旋。四是根据出手击球的速度。出手速度比较快，动作突然且模糊，则来球一般是上旋或不转。如果给球的摩擦时间较长，击球动作不快，则来球一般是下旋。

(2) 判断速度和落点

几种情况：一是，如果来球是长球，并且发球时第一落点比较靠近对手台面的端线，速度还比较快，则来球一般是侧上旋或不转球，如果速度不快，则一般是侧下旋或下旋。如果来球是长球，并且第二弧线有侧拐的现象，则来球一般是侧上旋或侧下旋。二是，如果来球是短球。这种短球速度往往不快，对手重视的是落点和旋转。接这种短球时不要过早伸进台内，以免如果是上旋球有往前“拱”的第二弧线会顶在拍上，容易控制不住球。另外，这种短球的落点如果是“小三角”，如果过早将拍伸进台面，也会由于来不及撤手，对不准来球。三是，如果来球是半出台的球。对半出台球的旋转的判断比较难。因为它容易导致自己的犹豫，影响自己的技战术发挥。从是否容易出台看，侧上旋和不转球比下旋和侧下旋容易出台；根据对手的特点判断，在发半出台球时，对手是正手，还是反手更容易出台等。

三、接发球的基本方法

接发球的技术比较多，对于初学者重点掌握搓、推、削、拨、摆短、挑打基本技术即可，水平提高后，可练习掌握晃接、抢冲、台内抢拉、台内拧拉等比较难和比较新的接发球技术。下面介绍几种基本接发球技术：

（一）搓接

搓接球主要用于接短球，一般不用于接长球。搓接球的动作比较小、动作快、隐蔽性强，在实践中，可有快搓、慢搓、摆短、搓长、晃接等类型：

（1）摆短：摆短就是快搓短球。优点是出手快，突然性强，可限制对手的拉球和攻球。摆短时，要注意三点：一是手臂不要过早伸入台内，以免破坏合理的摆短节奏；二是搓球的上升期，搓球的中下部；三是搓球前手臂离身体要近一些。

（2）搓长：搓长球是出于战术运用的考虑，在手法上与摆短相似，但搓的位置是对方底线，是长球。

（3）晃撇：晃撇是在侧身位用正手接侧旋球、斜线球时使用。晃撇常用来接短球和侧身挑直线，用于限制对手侧身抢攻。用侧晃接球时一般是在球的最高点接球，击球的后中下部，手腕稍微外展，向左侧前下方摩擦球，落台后向外拐。

（二）挑接

挑接球是优秀运动员常用的一种接短球的方法，挑接可分为正手挑和反手挑。挑接球的动作方法是当球即将过网时，将手伸进台内，根据来球的方位选择不同的脚向前跨步接球。以右手握拍为例，如果来球是正手位就上右脚，如果是侧身位就上左脚，在来球的最高点期间前臂发力击球的中后部，在正手或反手击球的瞬间通过微小的内收或外展适当给球一点摩擦，以保证准确性。

（三）拉接

拉接球是处理长球的一种接球方法。对于初学者要多练习拉接不低于台面的长球，这样可保证能比较好地用上力接球，能保证一定的准确性，能争取到主动。对于有一定水平选手常以运用拉接低于台面的长球。处理这种长球就要考虑压低弧线和寻找落点与对手对攻。

(四) 攻打

攻打是对付长球的一种接球方法。在运动员的高水平比赛中，由于发的球旋转强、具有突然性、速度也快，很少有贸然使用攻打来接球的情况。对于初学者，根据具体情况可以使用。总之，攻打接球是一种难度比较大的接球技术，需要多积累经验，提高技能水平才行。

(五) 接半出台球

对于初学者，遇到接半出台球的情况不少。接半出台球时要有意识、有胆量、要养成这种球能拉就拉不搓、能挑接就不搓撇的好习惯。在拉接这种球时，身体重心要提起来，引拍不要过大，身体前移用手臂和手腕突然向前发力。

(六) 拧接

拧接分为拧拉和侧拧，拧拉比侧拧更为常用。可以用来对付下旋球、上旋球和不转球的台内短球。对付不转或上旋球时，拍形垂直，触球的中部或侧面中部，按自己的意图向左右前方摩擦拧球，回击到对方台面的任意落点，这样拧出去的球，带有左右侧上或侧下旋。这种接发球手段较为隐蔽，出手一瞬间比较快，加上快摆短球的配合和控制好左右中三个落点，使对方发球后很难抢拉出较高质量的弧圈，可以为自己下面的主动进攻或主动相持争取机会。

思考题

1. 乒乓球活动中用来应对距离身体比较远的来球时常用的步法是哪种？
2. 乒乓球发过来的奔球，其来球特点是什么？
3. 在比赛发球中发转与不转球的目的是什么？
4. 直拍横打与横拍反手攻球相比较，直拍横打的优缺点是什么？

第七章

乒乓球基本技术的动作要求

第一节　握拍法、基本站位、步法的动作要求

一、握拍方法的要求

首先根据自己的喜好选择握拍方法，然后固定，不要变来变去，通过挥拍练习体会应有的肌肉感觉，建立正确的握法概念。为了不妨碍运动时拍形变化，不影响正反手的发力，一般要做到：

(1) 不能握拍过深或过浅；

(2) 直握拍时，拍后三指不要过曲或完全张开；

(3) 横握拍时，不能虎口偏右或偏左。

二、基本站位的要求

能否重视和掌握正确的基本站位，保持乒乓球运动需要的基本运动姿势，对技能发展和运动效果都有直接影响，对于初学者更要高度重视基本站位问题。为了打乒乓球时保持身体稳定性、有利于还击发力、避免肩臂肌肉紧张和便于重心移动等，在基本站位和保持基本站立姿势方面，一般要做到：

(1) 从思想认识上，学生要深刻认识到建立正确的基本站位和基本站立姿势问题的重要性，通过练习体会应有的正确肌肉感觉，当一项重要技术对待；

(2) 两脚的距离不能太窄或过宽，以免影响反应和移动；

（3）上体不能过于直立，要保持适度的前倾，小腹保持适度收紧，两脚不能全脚掌着地；

（4）持拍手臂不能下垂，为了便于快速引拍和挥拍，要注意球拍位置不能过低，持拍手臂的上臂不能躯干夹得过紧，肘关节自然下垂，持拍的手臂臂肌肉不紧张即可。

三、步法的动作要求

对于初学者来讲，在一定程度上，由于步法好，可弥补技能的不足，要高度重视步法的重要性。为了不影响移动时身体的稳定性、移动速度，包括起动速度，身体移动时要做到：

（1）两脚离地不要过高，贴近地面即可；

（2）先把身体重心移到蹬地脚上，加大移动时的蹬地力量；

（3）身体重心转换要及时，要做到及时得“意在先”，蹬地力量不能为了追求大，能保证快即可；因此，要加强步法的练习，做到“手眼身步”的协调。

第二节　乒乓球各技术的动作要求

一、发球技术的动作要求

为了发好球，首先得学习最新乒乓球规则，另外，为了发球要有目的性、准确性，防止发球不过网、出界或发出去的球弧线过高等，发球时要注意以下几点：

（1）发的球要符合规则要求，不能犯规，否则比赛会被判罚失分；

（2）击球点不要过高或过低；

（3）根据发球的目的需要，击球的部位要准确；

（4）发出去的球的第一落点要准确；

（5）抛球要稳定，调节、控制拍形要到位。

二、推挡拨球技术的动作要求

推拨球时，为了球能过网、不出界，并且能发出力，一般来讲就要注意：

（1）从站位正确开始，身体各部位能协调配合；

（2）平时就注意手腕的灵活性和专门部位的力量练习；

（3）增强判断意识与能力，掌握好拍形、判断好落点，迎球时稍微晚一点，不要抢着回球；

（4）拍子的前倾要够，击球时间不可过早或过晚，推上旋球的上升后期；

（5）加力推时，手臂向前，身体重心也要适度向前，要有送球意识，否则推球力量不大；

（6）直拍推挡球时，肘关节要始终保持靠近身体意识，不要离开身体。

三、攻球技术的动作要求

为了攻球时，动作不僵硬、击球不落空、能过网、不出界，一般在攻球时要注意做到：

（1）通过徒手正手攻球挥拍模仿的协调性练习，不能让手腕下垂或上挺；

（2）引拍要到位，球的落点要判断准；

（3）拍面不能过于前倾，也不能过于后仰，否则球不过网或出界；

（4）击球后不要立即停止拍子的前送，注意随挥动作；

（5）击球时，含胸，肘关节不要抬起，要靠腰的转动带动手臂挥拍击球，是丹田发力。

四、搓球技术的动作要求

为了防止搓球时，回旋的球的力量不大、强度不大、出界、不过网、落点位置不准等情况，搓球时，要注意以下几点：

（1）球拍上引不够，击球时前臂由上向下动作要用上力；

（2）搓球时后仰要到位；

（3）搓球时，击球的部位要准确，搓球的中下部位；

（4）搓球后要有前送动作，动作结束，手臂放松快速还原复位。

五、弧圈球技术的动作要求

为了防止拉出的弧圈球上旋力不强、拉球落空、出界和下网等情况，拉弧圈球时，要注意以下几点：

（1）降低身体重心，拉球时动作幅度要够大；

（2）加大摩擦，减少撞击，摩擦意识要不断提高；

（3）根据来球的性质，控制好球拍的迎击角度和与来球的接触部位；

（4）击球时，要判断好来球的线路和拉球的时机。

六、削球技术的动作要求

为了增强削的球的下旋力，避免下网、球出界、落点不准等情况，削球时，要注意以下几点：

（1）引拍时，球拍上提要够高；

（2）拍面不能过于后仰；

（3）向前送拍的力量不要大，否则容易出界，是丹田适度收紧、发力；

（4）击球后，上臂的前送要够，否则球会不过网。

七、接发球技术的动作要求

接好发球，就会占据先机，不会陷于被动或导致失误，为攻击对手创造条件。为了发好球，就必须首先掌握发球的有关知识，努力增长接球经验，防止接球质量不高、不能衔接自己的战术设计、发球失误等情况，发球时要注意以下几点：

（1）对来球性能的判断要准；

(2) 接发球的站位要合理；

(3) 不能凭主观的估计接球，要有强的观察判断意识与能力，弄清和把握好启动接球的时机，不要过早移动脚步；

(4) 接球后还原要及时；

(5) 接球时要加强判断，控制好回球的弧线和落点。

八、组合技术的动作要求

为了击球时避免起动过早、脚步移动不到位、手脚配合不协调、击球后还原不及时等问题，在进行组合技术学习、训练时，应有的动作要求有以下几点：

(1) 让初学者弄懂正确的起动时机，增强观察和判断意识，积累避免遭受对手攻击自己空当的经验；

(2) 为了避免移动速度慢、身体重心转换差，导致身体移动不到位问题，应加强判断意识引导，强调有步法转换协调，到位击球的要求；

(3) 为了避免击球后还原不及时、不到位问题，在进行挥拍练习、多球练习时，应加快节奏，并始终强调及时还原和动作到位，连续击球的效果要好；

(4) 为了在进行组合技术学习或训练时主要是手脚配合不协调问题，在学习或训练时，应强调具体手脚结合的技术动作的正确身体姿势与肌肉感觉，要求动作到位，感觉到位，更要思想认识到位，也就是要初学者做到理论和实践要一致，不能厚此薄彼。

思考题

1. 握拍法的要点是什么？
2. 基本站位的具体要求是什么？
3. 步法在乒乓球比赛中扮演什么角色？
4. 发球技术中应注意哪些关键点以提高发球质量？
5. 推挡技术的动作要求有哪些？

第八章

乒乓球运动的基本战术

第一节　发球抢攻战术

乒乓球的前三板是指从一方的发球开始，双方的前三次击球即发球、接发球、发球抢攻。发球抢攻战术是我国运动员的战术风格之一，特点就是充分利用“前三板”，并且力争发球直接得分和实施抢攻得分，争取主动。这种战术主要有以下几种形式：

（1）长短结合发球抢攻战术

给对方发过去的直线球，落点离网近并且弧线低，还带有侧旋，这样对方就不能抢攻或拉攻，这就为自己的下一步进攻创造了机会。在此基础上，配合发能发到对方端线的快速的长球（斜线球），使对方难以抢攻，为自己的下一步侧身正手位抢拉进攻创造机会。

（2）发端线球抢攻战术

这种战术发球可以是近身球，速度快，弧线低，迫使对手难以侧身强攻，或回球质量不高，自己能抢先上手抢攻。

（3）发旋转和落点变化的抢攻战术

这种战术发球可以是发不出台的小球，采用转与不转结合的两次发球伺机抢攻；也可连续发转与不转的短球、长球，伺机抢攻。

第二节　对攻战术

一、对攻战术

对运动员来讲，这种战术主要适用于快攻类和弧圈类两种打法。采用这种战术快攻类运动员可以充分发挥自己正、反手攻球能力强的优势，充分发挥速度快的特点，以调动、压制对方；采用这种战术弧圈类运动员可以依靠正、反手能拉弧圈球的特点和优势，发挥旋转球的优势牵制对方。在实战中，主要有以下几种情况：

（1）压反手结合变线，伺机抢攻（见图8-1）

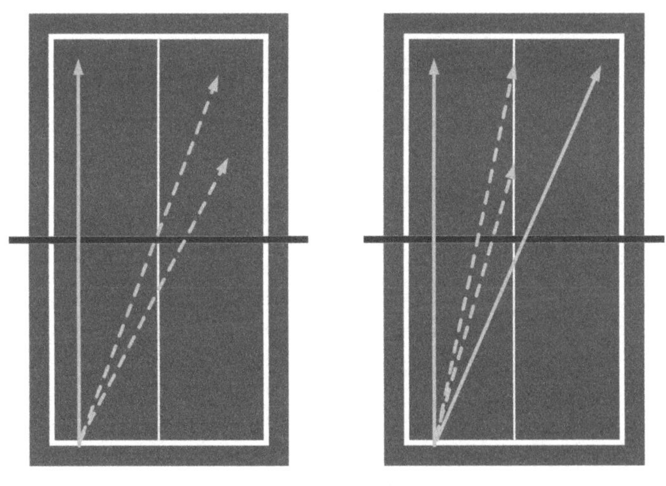

图8-1　压反手变直线　　**图8-2　加减力推压中路攻两角**

（2）加减力推压中路，攻两角，司机抢攻（见图8-2）

比赛中通过加减力可以主动改变、掌控攻防节奏，司机进攻。采用这种战术时，一般是推压对手中路，通过加减力改变节奏，调动对手,伺机供给对手两角,让对手陷入被动或失误。这种战术的指导思想就是要有快慢、长短、左右、高低、转与不转等矛盾对立统一的辩证运动思维素养。

(3) 被动打回头球

在乒乓球比赛中主动与被动始终是双方争夺的焦点。如果处于被动时,运用打回头球就是要根据观察出的对手的弱点,要及时反击,打对手一个措手不及,变被动为主动或得分。

二、拉攻战术

拉攻战术是快攻打法的运动员用来对付削球类打法对手的主要战术。这种战术主要有以下几种形式:

(1) 拉中路压两角战术(见图 8-3)

这种战术就是先拉对方近身的中路球后,扣杀对手的两个边角。

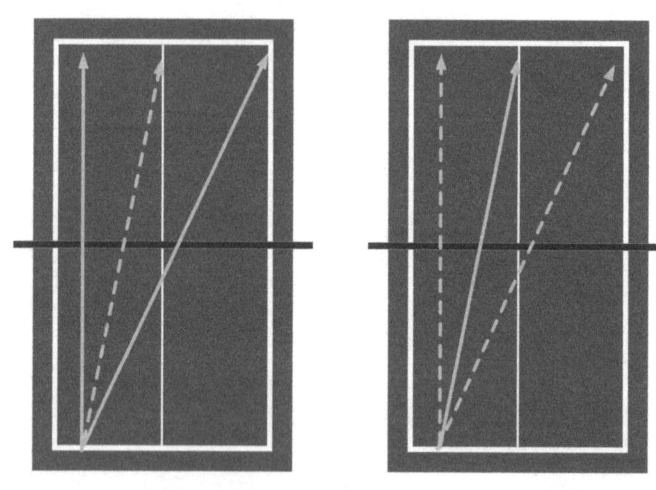

图 8-3　拉中路压两角战术　　**图 8-4　拉两角攻中路战术**

(2) 拉两角攻中路战术(见图 8-4)

这种战术就是先稳健地拉攻对手的两个边角,然后伺机用近身球扣杀或冲击对手中路。

(3) 拉反手突击正手战术(见图 8-5)

这种战术就是拉球压制对手反手位,然后突然扣杀或冲杀正手直线,争取得分或主动。

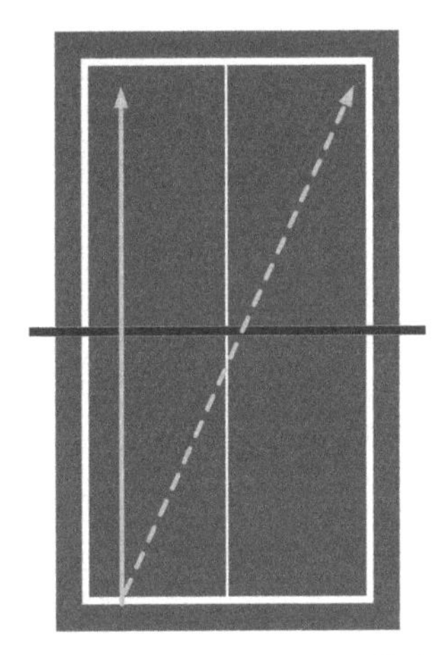

图 8-5　拉反手突击正手战术　　**图 8-6　长短、拉吊结合攻击战术**

(4) 长短、拉吊结合攻击战术(见图 8-6)

这种战术就是通过拉加转弧圈球吸引对手靠前削球,再打前冲弧圈球迫使对手后退,为连续扣杀或前冲创造条件;通过打前冲弧圈球迫使对手后退,然后搓吊小球,迫使对手近台回球,在冲击或扣杀对手近身或空当。

三、搓攻战术

搓攻战术是进攻性打法的辅助战术。采用这一战术就是通过搓球制造旋转和变化落点来控制对手,伺机进攻。运用这一战术,搓球次数一般在一两板之后就要进攻,否则会陷入被动。搓攻战术一般有以下两种情况:

(1) 以快搓、短摆为主,结合搓对手反手的长球,伺机进攻

这种战术一般是快搓或短摆到对手中路近网的小球,伺机侧身扣杀或冲直线;这种战术也可以搓长球到对手反手位,使对手不容易

侧身,伺机进攻。

(2) 搓转与不转的球结合落点,伺机抢攻

这种战术是搓转与不转的球到对手左边或右边的长短球,调动对手,伺机进攻;也可搓下旋球或侧旋球到对手反手位,控制、调动对手,伺机扣杀或抢、冲。

四、削攻战术

削攻战术是在削的过程中伺机反攻的战术。削攻战术主要有以下几种形式:

(1) 削两角,伺机反攻

通过削球紧逼对手两大边角,伺机抢攻;也可通过削球压迫对手左(右角),伺机突变右(左)角,伺机反攻。

(2) 削长短球伺机反攻

这种战术可以削同方向或不同方向的长短球,然后伺机反攻;也可削对手近身的长短球,然后伺机反攻。

(3) 削转与不转球,伺机反攻

这种战术可以先削加转球,后送不转球,主动找落点,调动对手,伺机反攻;也可先削下旋球,然后突然削侧旋球,干扰对手,伺机反攻;也可在连续的削球过程中,通过节奏变化或突然使用拱或带技巧,扰乱、调动对手,伺机进攻。

第三节 接发球战术

采用接发球战术,目的就是在接发球时就要积极主动,避免陷入被动。这种战术主要有以下几种情形:

(1) 接发球抢攻:根据可能,以快打、快拉、快拨、快推等技术,抢先上手。

(2) 用快搓、短摆等技术回接,破坏对手发球抢攻或抢拉弧圈球

的战术意图，使对手难以发力，自己抢先上手。

(3) 采用“快点”手法回击各种侧旋、上旋等发来的短球，破坏对手发球抢攻、抢拉的战术意图，争取机会，伺机进攻。

第四节　特殊战术

为了制胜而采取的特殊战术就是运动员在比赛中急中生智所采用的没有固定模式的，能取得意外收获的战术手段与方法。这种特殊战术，重在一个“奇”字。乒乓球比赛实践中，可采用以下几种特殊战术形式：

(1) 坚持到 13 板得分。充分利用“轮换发球法”法则，以稳健的削球、旋转和落点的变化，调动对手，顶住对手的攻击，坚持到 13 板利用规则得分。

(2) 团体比赛时，可有意布置本方某一队员对阵对方某队员，以反常规的排兵布阵扰乱对手的战术意图。当然，使用这种战术必须建立在准确的判断，有较高的胜算概率上。

(3) 乒乓球比赛中，有时在相持或被动情况下，主动变化，急中生智，如被对手打追身球时，在来不及侧身的情况下，突然用“撕”(“撕”即乒乓球技术中的“快撕”，可以简单地看成横板反手或直板反手反面快带。)的动作改变球的正常运行方向，自己占据主动，让对手不适，反而陷入被动。

思考题

1. 发球抢攻战术有哪些形式？
2. 对攻战术在乒乓球比赛中如何应用？
3. 拉攻战术主要针对哪种类型的对手？
4. 搓攻战术和削攻战术在实战中如何运用？
5. 接发球战术有哪些主要形式？

第九章

乒乓球运动专项素质训练

第一节　乒乓球运动专项素质训练应注意的问题

一个人的体能水平是由其身体形态、身体机能以及运动素质三方面主体性因素所决定的。身体形态是其肌体内外部的形态。身体机能是其身体各器官系统的功能。运动素质是其肌体在运动时所表现出来的各种基本运动能力，通常包括：速度素质、力量素质、耐力素质、柔韧素质和灵敏素质，其中每一项运动素质都还可以从不同角度进行进一步的细分。构成一个人体能水平的这三项因素都有相对独立的作用，但是彼此之间又具有相互制约、相互影响的关系，每一个因素的发展变化都会影响到其他因素，是三者的发展水平共同决定一个人的整体体能水平。在大学生乒乓球练习过程中，都是以各种运动素质作为身体训练的抓手。为了促使大学生乒乓球运动能力的不断提高，必须高度重视体能训练。乒乓球的体能训练分一般体能训练和专项体能训练。大学生乒乓球的体能水平直接影响其技术、战术、运动智力、运动非智力因素的发展和发挥，良好的体能发展水平也会有助于预防运动损伤等情况的发生。采用各种各样的身体素质练习方式发展大学生的一般体能都有助于促进大学生身体形态、身体机能和乒乓球专项运动素质的发展。要发展大学生乒乓球的技战术能力、心理能力更离不开采用与乒乓球运动有密切关系并能体现具体大学生特点的专门性练习、训练方式。加强大学生乒乓球专项体能训练更有助于专项身体机能、形态和运动素质的提升。

在针对普通大学生进行体能训练时，要注意以下几点基本要求：①合理安排一般体能与乒乓球专项体能训练。一般体能训练是进行高强度专项体能训练的基础，安排一般体能训练，不是为了让大学生身体各部位、各器官系统和各运动素质得到绝对均衡发展，而是一定要充分考虑乒乓球运动的需求和大学生个人的具体情况，一般体能训练要有主有次，要做到以主带次，不能弱化专项体能训练，更不能代替专项体能训练；②选择大学生乒乓球体能训练的措施和手段要与乒乓球运动的技术要求和生物力学特征相近似；③大学生乒乓球的体能训练要因人、因时而异；④在进行乒乓球体能训练时，还要加强练习乒乓球的意义与价值引导，进行吃苦耐劳精神等良好运动非智力因素培养，加强乒乓球课程思政教育。

第二节　乒乓球运动专项素质训练

一、乒乓球运动的专项速度素质训练

乒乓球比赛需要什么性质的速度，是一个首先要搞清楚的速度训练问题。速度素质中的素质指的是一种能力，速度素质指的是人体快速运动的能力。这种速度能力包括快速完成动作的能力、对外界信号刺激做出快速反应的能力和快速位移的能力。对于打乒乓球来讲，速度素质极其重要。乒乓球的速度能力主要指的是视觉反应能力、击球时的感知觉能力和移动能力等。

（一）乒乓球反应速度训练应有的几个认识

（1）训练提高各种反应速度

就是在挖掘潜在的反应速度能力并将其稳定下来。需要注意的是，反应速度基本上是属于纯粹的生理过程，基本不受其他因素影响，在很大程度上取决于先天遗传因素，反应速度的提高是比较难的。

（2）进行反应速度训练时必须保持注意力的集中

进行反应速度训练时，保持注意力集中可以使得神经系统处于适应的兴奋状态，相关肌肉会保持紧张待发状态，这种状态下，可以促使相关肌肉提高60%左右的反应速度。但是，这种注意力集中的紧张状态不能无限制，最好是保持1.5秒左右，不能过长，否则会导致神经疲劳而降低反应速度。这种集中注意力的状态要完全针对即将完成的动作上，效果会更好。

（3）反应速度与对特定信号应答的动作熟练程度

根据来球和对手动作情况的变化，要迅速做出判断和正确动作反应。在进行乒乓球反应速度训练时，还要做到有目的地改变刺激因素的强度和信号发出的时间进行灵活的训练，这样效果会更好。

总之，包括反应速度训练在内，乒乓球的速度训练一定要紧密结合乒乓球的技战术动作需求来训练，一定要在大学生精神兴奋性高、动机正确、情绪饱满、好胜心强、进取心强等状态下进行，不可在疲劳的情况下进行各种速度训练，因而，乒乓球的各种速度训练要安排在教学课、训练课的前半部分进行为宜。

（二）乒乓球反应速度的训练方法

（1）信号刺激法

利用突然发出的各种信号刺激大学生做出信号的动作反应。

（2）肌肉感知觉法

根据自我感觉要求练习乒乓球的大学生记住并反复寻找最佳处理特定来球时的肌肉感觉的反应训练，这种训练可以说是一种内在肌肉感觉的诱导训练。进行这种训练，体育教师或教练必须具有丰富和准确的各种经验指导，大学生的针对性反应练习效果也会更好。对于乒乓球反应训练来讲，这种肌肉感知觉反应训练不仅仅是训练的肌肉应答，还有对特定情境下对时间的精准的感知觉。

（3）移动目标法

为了提高反应速度，提高动作能力，需要不断增加难度。对于乒乓球反应速度训练来讲，要在人或球等目标移动速度上不断提出新要求，并转化为经验储存在记忆中，在实战中反复检验。

（4）选择性训练法

乒乓球反应训练中，要根据各种复杂信号的变化做出相应的，一般情况下是相反的、有趣的应答动作。

（三）提高打乒乓球的反应速度的训练手段

（1）听老师或教练指挥

根据听到的“口令”，做正反手的推挡、拉球、搓球、扣杀等技术动作。这种练习，对于初学者要循序渐进，练习时，既追求技术规格，又要发展反应速度。熟能生巧，通过经常性、趣味性的反应练习可将复杂多变的技术进行整合，会促使练习者更好地理解这些乒乓球技术彼此之间的关系，以及深刻认识到乒乓球基本站立姿势和身体各部位在不同动作转换中的作用和重要性。反应练习发展的不仅是对口令的反应，更重要提高的是认识和灵敏、协调能力等。

（2）循序渐进地进行一些从有规律逐步过渡到无规律的多球练习

做这一类反应练习时，要循序渐进，对击球的准确性和技术的规范性要有要求。练习的设计要有趣、有难度，能激发练习者的运动好胜心和运动自信心等优秀运动非智力因素。

（3）需要快速反应的具体情景的想象力训练

针对具体情境要做出快速反应，除起决定性作用的神经类型以外，对诸多针对性情境的想象力训练也很重要。要提高具体情境的快速反应依靠多积累乒乓球实战经验，努力提高技能水平，也要靠从思想认识上提升境界和专门意识，多进行足够的运动想象力训练就是一个必不可少的，很重要的训练手段，这两者应相辅相成，两者的协同能力决定在具体情境下能否做出快速反应。

（四）发展打乒乓球的动作速度的专项训练手段

（1）各种跳绳练习，跳绳是一种提高身体素质的综合性练习，对于初学者要循序渐进，并且练习时要保证精力充沛，能积极主动。

（2）立定跳远、快速推轻杠铃等爆发力练习。

（3）原地提踵练习。

（4）计时的挥拍、摸球台角等练习。

（5）计时的快速步法移动练习。

（6）计时捡球练习。

发展乒乓球反应速度、动作速度的手段很多。选择具体手段时，根据兴趣、可能性进行。另外需要注意的是，因为是进行速度训练，初学者练习时就要注意将选择的手段与正在进行的技术练习结合、保证练习时体力要充沛，要循序渐进、要有综合发展技战术和专项身体素质的考虑，注意练习手段价值和练习效果的及时反馈，达到启发初学者思维和对乒乓球规律的认识，激发学生学习乒乓球技战术，增强健身意识和发展运动能力，甚至竞技能力的动机等效果。

二、乒乓球运动的专项力量素质训练

（1）负重或不负重的立定跳远、蛙跳、跳台阶等跳跃练习。

（2）负杠铃，膝关节伸直不曲的直腿跳练习。

（3）持轻重量或利用健身器械做快速曲伸前臂的挥拍动作等练习。

（4）脚绑沙袋做2/3台的正手连续拉球、扣球等专项技术练习。

（5）沙袋绑腿、穿沙袋背心做步法移动练习等。

做乒乓球专项力量练习要有针对性，明确目的性，与练习者的技战术能力水平相结合，通过提升初学者运动智力、运动非智力因素的提升，追求体能、技战术能力水平协同发展。练习者要有明确的系统学习、系统训练的整体学习和训练的理念，加强实战练习，以问题为导向，提高学习和训练效益。注意力量练习的专项性需求很重要。

三、乒乓球运动的专项耐力素质训练

乒乓球的专项耐力水平是评价乒乓球竞技能力水平高低的一个重要因素。现代乒乓球比赛的高强度对抗说明拥有高水平的专项力量素质的重要性。要发展打乒乓球的专项力量耐力，可采用以下几种手段：

(1) 拉胶皮带练习。

(2) 各种步法的快速移动捡球练习。

(3) 负重跳练习。

(4) 跳绳练习。

(5) 结合专项技术的单一或组合的循环练习。

(6) 负重耐力跑、长距离跑练习等。

四、乒乓球运动的专项灵敏素质训练

因为乒乓球运动同其他很多运动项目发挥一样都需要“意”在先,所以使初学者认识乒乓球运动的心理需求,即运动智力因素和运动非智力因素就更好了。让初学者甚至高水平运动员从思想上系统地掌握影响运动学习训练成效的各种心理因素,初学者对于理解老师、教练员的指导思想和具体做法,认识自己的学习和训练体会,进而增强自我学习与训练能力,做到学习和训练的针对性、目的性就不是一句空话。这是提高学习和训练成效的关键,但由于心理因素的内隐性,现实中做到是比较难的,因此需要初学者在理论学习和积累的运动经验基础上的不断“反思”与“悟”。提高乒乓球运动的灵敏素质的专项练习手段可采用以下几种:

(1) 练习反应能力的手段都可以运用。

(2) 打不同性质和不同旋转强度的球的练习。

(3) 角力练习(我国古代体育活动项目之一,通常为徒手相搏,现代摔跤运动尚沿用角力之名)。

(4) 听信号指示做相反动作的练习等。

五、乒乓球运动的专项柔韧素质训练

(1) 侧向肋木压肩等各种形式的压肩练习。

(2) 正、侧压腿练习。

(3) 利用棍、绳、橡皮筋等做转体练习等。

(4) 利用学习太极拳、持续打太极拳发展协调与柔韧的练习。

思考题

1. 乒乓球专项速度素质训练包括哪些方面?
2. 哪些训练方法可以提高乒乓球运动员的反应速度?
3. 乒乓球专项力量素质训练有哪些有效手段?
4. 如何通过专项训练提高乒乓球运动员的耐力素质?
5. 乒乓球专项灵敏素质训练有哪些方法?

第十章

乒乓球运动心理

乒乓球运动属于技巧类项目，对练习者的心理素养要求较高。乒乓球重量小，击球速度快，还要用面积有限的球拍进行练习，更难的是乒乓球项目的技战术体系极其复杂，因此乒乓球的技能学习和运动能力(运动员为竞技能力)提高就需要调动众多的心理因素；另外，心理因素具有内隐的特点，这些因素都决定了乒乓球运动能力的发展是一个比较艰难、永无止境的过程。为了能够比较好地调动乒乓球运动需要的具体重要运动心理因素，透过现象，抓住促进学习成功的本质，提升没有乒乓球运动基础初学者的乒乓球运动能力，在此辟专章介绍一些与乒乓球运动息息相关的心理问题。

第一节　运动实践活动与人的心理活动的关系

体育教学、训练活动是典型的运动实践活动，都是以学生内隐的心理活动为基础。研究初学乒乓球的大学生的体育学习、运动训练必须了解运动心理问题，把握重要运动心理因素，遵循心理规律才能达成双效。依据我国著名心理学家潘菽和燕国材教授等人所倡导的心理活动的“二分法”，运动训练竞赛活动是一种典型的实践活动，这种实践活动必然包括认识活动和意向活动两大系列，在大学生乒乓球学习、训练竞赛活动过程中，既有他们认识活动的参与，也离不开意向活动的参加。前者要求大学生能进行观察(感知)、注意、记忆、思维和想象等主体认识活动;后者要求大学生也必须有动机、兴趣、情感、意志和性格等意向活动的积极参与,见图 10-1。

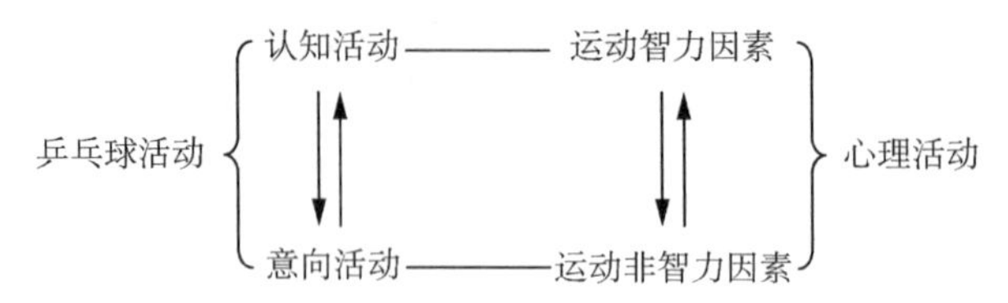

图 10-1　大学生乒乓球活动与心理活动的关系

运动智力因素是指人们的认识活动在体育活动中逐步形成的一系列稳定心理特点的总和。运动非智力因素是人们的意向活动在体育活动中逐步形成的一系列稳定心理特点的总和。依图 10-1,大学生复杂的心理系统可划分为运动智力因素系统和非智力因素系统两大系列。在技能学习、训练竞赛活动过程中,由于大学生的认识活动和意向活动相互制约,相互促进,所以运动智力和非智力因素彼此之间具有互动关系,两者共同影响各种技能学习、训练竞赛活动的成效。运动智力和非智力因素的这种辩证互动关系是两者有机结合共同促进大学生乒乓球运动成效的理论基础。

第二节　运动智力和非智力因素的关系

为充分发挥大学生的综合心理因素功能,促进大学生乒乓球练习积极主动性,在此专门介绍影响大学生乒乓球练习成效的运动智力和运动非智力因素的关系。运动智力和非智力因素既有区别,也有联系。

一、运动智力和非智力因素的区别维度

(一) 运动智力因素属于认识活动范畴,起认识作用;运动非智力因素属于意向活动范畴,起意向作用

根据潘菽等人倡导的心理活动二分法:“心理活动可划分为认识

和意向两种活动”。任何人生活在世界上都肩负着两大任务：认识世界和改造世界。要认识世界就需要认识活动；要改造世界就需要意向活动。在通过认识活动认识世界的过程中，人们的一些心理特点就会逐渐稳定下来，形成智力因素；在通过意向活动改造世界的过程中，人们的一些心理特点也会逐步稳定下来形成非智力因素。乒乓球练习既需要大学生的认识活动，也需要意向活动。因此，运动智力因素属于认识活动范畴，起认识作用，在乒乓球练习活动中，它解决知不知，懂不懂的问题；运动非智力因素属于意向活动范畴，起意向作用，在乒乓球练习活动中，它解决肯干不肯干的问题。

（二）运动智力因素没有积极性；运动非智力因素才有积极性

在乒乓球练习活动中，我们都很重视调动大学生的活动积极性问题。什么是大学生的“积极性”？实际上，大学生乒乓球活动的积极性就是其心理的积极性。可以想象，离开大学生的心理活动而谈论调动积极性问题是不可能的。自 20 世纪 80 年代以来，人们在纠正了以往把心理科学看成“伪科学”的错误认识之后，开始逐步重视人的心理问题，并认识到人的心理才是积极性的源泉。运动心理既包括运动智力又包括运动非智力因素，它们的功能不同。在乒乓球练习活动中，大学生的运动智力因素是通过分析与综合、比较与归类、抽象与概括、系统化与具体化、归纳与演绎等方法来实现对乒乓球练习活动的“执行-操作”功能；运动非智力因素具有动力、定向、引导、维持、调节、始动、补偿与强化等八项基本功能。从积极性的内涵看，大学生的心理的积极性指的就是动力、定向、引导、维持、调节与强化等功能，是运动非智力因素的本质属性。参与练习活动的运动智力因素是无所谓积极性的，只有运动非智力因素才有积极性。

（三）运动智力因素是比较稳定的；运动非智力因素的波动性较大

依据心理学的观点，一个人的智力是超常、中常、还是低常，生来就已经基本定型。后天的锻炼只不过是把他在智力方面的属于超常或中常水平的潜力进一步地挖掘出来，使其获得充分地发展。无论通过什么样的训练手段都不会使他由低常智力提升为超常智力。正如孔子所言："唯上智与下愚不移"。当然，这里所说的"不移"并不是绝对不变动，不发展之意。所谓运动智力因素的稳定性，还具体地表现在：一般来讲，一个大学生不会在今天的技能学习、训练竞赛活动中表现为聪明，而在另一天的技能学习、训练竞赛活动中则表现为愚钝。大学生的运动非智力因素则主要是通过后天培养"习得"的，受后天的影响很大。大学生的运动非智力因素的波动性较大，如在今天的练习活动中，可能表现为精神抖擞，热情高涨，而过几天却可能显得无精打采，毫无生气，这是其运动非智力因素中的情感因素所表现出来的一种波动性。大学生在乒乓球练习活动中，其运动非智力因素中的其他因素如兴趣、动机、意志等，也存在不同程度的波动性和不稳定性。因此，运动智力因素是比较稳定的；运动非智力因素的波动性则较大。

（四）运动智力因素对乒乓球练习活动起直接性作用；运动非智力因素对乒乓球练习活动一般起间接性作用

就运动智力因素来讲，它也是由观察力（感知）、注意力、记忆力、思维力和想象力等五大因素构成。在乒乓球技能学习、训练竞赛活动中，大学生总是通过观察力获得有关运动知识和各种操作感受；通过想象力、思维力的直接参与而理解教师或教练员的意图，掌握各种乒乓球技战术方法；通过运动记忆力实现对运动情境、运动情绪、运动动作，运动知识等的保持与巩固；没有运动注意力的参与，一切乒乓球技能学习、训练与竞赛活动都将寸步难行。总之，没有运动智力因素的积极参与，大学生的一切乒乓球技能学习、训练竞赛活动就根本不能发生；就运动非智力因素来讲，它主要包括动机、兴趣、情感、意志与性格等五大基本要素。一般来讲，运动非智力因素对乒乓球技能学习、训练竞赛活动产生间接的影响；因为，任何一个大学生都不可能通过动机、兴趣、意志、性格和情感等运动非智力因素直接发展各种乒乓球运动能力。如学习技战术时，大学生一般是在非应激情况下进行的，大学生乒乓球运动非智力因素是通过对其运动智力活动的调控，间接影响学习、训练或竞赛的进程。然而，在高度应激的情况下，不论这种高应激是主观认知引起，还是客观因素所致，某些运动非智力因素（如情绪）也可直接引起大学生的自主神经系统活动和肾上腺皮质分泌活动的变化，进而引起他的力量素质的变化。正如，通常所讲的“情绪具有增力性或减力性”现象。在这种情况下，大学生的个别运动非智力因素对乒乓球技能学习、训练竞赛活动也有直接作用。因此，运动非智力因素对乒乓球技能学习、训练竞赛活动一般起间接性作用。

（五）运动智力因素构成乒乓球技能学习、训练竞赛过程的心理结构；运动非智力因素是乒乓球技能学习、训练竞赛过程的心理条件

根据我国的智力五因素说和非智力五因素说，智力的结构模式见图10-2；非智力的结构模式见图10-3。

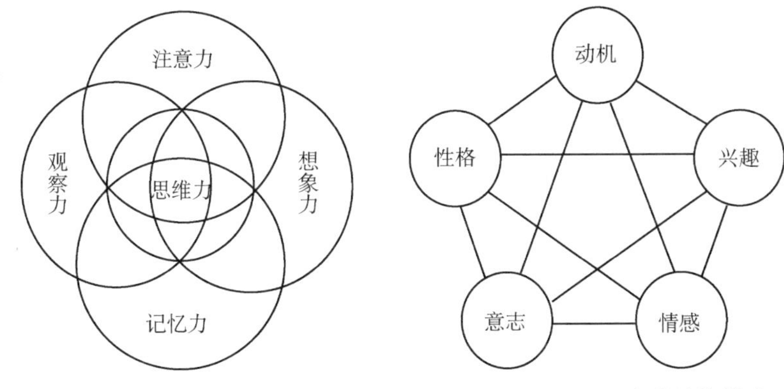

图10-2　智力的结构模式　　图10-3　非智力因素的结构模式

（资料来源：燕国材《非智力因素与学校教育》）

依图10-2，大学生的智力不是他们的观察力、思维力等五种基本心理因素简单相加的结果，即大学生的智力≠观察力（感知）＋注意力＋记忆力＋思维力＋想象力，而是以思维力为核心构成大学生的心理结构。大学生是乒乓球技能学习、训练竞赛活动的主体，大学生的运动智力因素对一切乒乓球练习与竞赛活动具有直接的作用，大学生的心理结构即运动智力因素构成乒乓球技能学习、训练与竞赛过程的心理结构。运动非智力因素的间接作用具体表现为它是乒乓球技能学习、训练竞赛过程的心理条件。所谓“条件”就是指如果一种事物能够影响另一事物的变化发展，那么前者就是后者发展变化的条件，条件是外加的，不是受其影响的事物本身所固有的。运动非智力因素并非乒乓球技能学习、训练与竞赛过程本身所固有，是外加进去的，因此运动非智力因素是大学生乒乓球技能学习、训练竞赛过程的心理条件。

(六) 运动智力因素是乒乓球技能学习、训练竞赛活动的“执行-操作”系统；运动非智力因素是乒乓球技能学习、训练竞赛活动的“动力-调节”系统

运动智力是通过分析与综合、比较与归类、抽象与概括、系统化与具体化、归纳与演绎等方法来实现对练习计划的制定、运动素质的发展，乒乓球技战术的比赛发挥等任务，所有的乒乓球技能学习、训练竞赛活动，时时刻刻都离不开大学生运动智力因素的直接操作与执行；运动非智力因素的功能则是动力、定向、引导、维持、补偿、调节与强化等，运动非智力因素对一切乒乓球技能学习、训练与竞赛活动一般起着发动者和调节者的间接作用。在乒乓球练习与竞赛活动中，大学生如能根据实际情况有效发挥运动非智力因素的以上各项功能，通过有效调节其运动智力因素的功能，必将促进各种乒乓球练习与竞赛活动的效果。实践证明，大学生在进行的任何一种乒乓球练习与竞赛活动时，这两个心理因素系统都不可或缺并且只有充分发挥这两个心理因素系统的功能，并让它们处在密切联系和协调运作之中，才能收到应有的练习与竞赛效果。这就要求大学生在具体的乒乓球练习与竞赛活动中务必做到其运动智力和非智力因素的有机结合。

(七) 运动智力因素在乒乓球练习活动中可表现为“5 会”；运动非智力因素在乒乓球练习活动中可表现为“5 练”

运动智力因素是由大学生的观察力(感知)、注意力、记忆力、思维力和想象力等五大基本心理因素构成。从这五因素出发，在乒乓球练习与竞赛活动中，大学生只有做到会观察(感知)、会注意、会记忆、会思维和会想象，才能达到高水平。根据长期研究，表现优秀的大学生在以上“5 会”方面都是非常出色的。从一定意义上讲，培养运动员“5 会”的过程就是发展大学生运动智力因素的过程。当然，对于大学生的“5 会”，它们不会自发形成，必须依靠大学生在长期的乒乓球练习与竞赛活动中有意识地刻意开发、培养才能实现。运动非智力因素主要由大学生的动机、兴趣、情感、意志和性格等五大基本心理因素构成。从这五项非智力因素出发，审视大学生的乒乓球技能学习、训练竞赛活动，就是要求大学生做到愿练(以动机为基础)、好练(以兴趣为基础)、乐练(以情感为基础)、勤练(以意志为基础)和独立训练(以性格为基础)，见图 10-4。

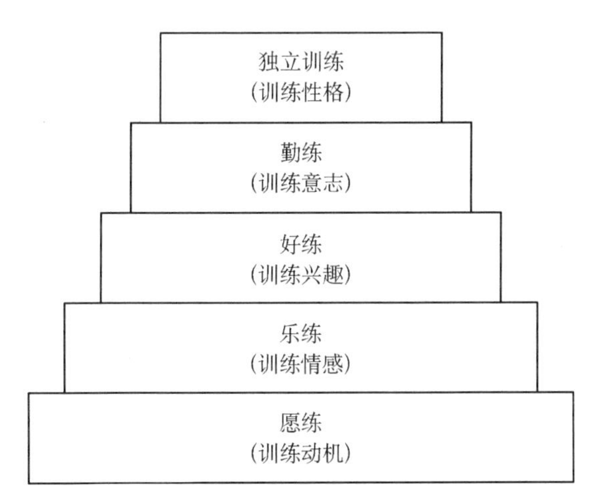

图 10-4　大学生 5 练的非智力因素基础

依图 10-4，从“5 练”来看，彼此之间还存在一定的内在逻辑关系即愿练是好练的基础，好练是乐练的基础，乐练是勤练的基础，勤练是独立训练的基础。对于大学生乒乓球技能学习与训练竞赛活动的“5 练”，需要在体育教师的指导下，长期地自觉培养。从一定意义上讲，大学生的“5 练”的过程，就是在乒乓球技能学习与训练竞赛过程中培养大学生运动非智力因素的过程。因此，运动智力因素在大学生的乒乓球练习与竞赛活动中可表现为“5会”；运动非智力因素在大学生的乒乓球练习与竞赛活动中可表现为“5练”。

二、运动智力和非智力因素的联系维度

为了更好地发挥运动智力和运动非智力因素的功能促进大学生乒乓球技能练习与竞赛活动的成效，现在在此阐述一下运动智力和运动非智力因素的密切关系。

（一）运动智力因素活动指导运动非智力因素活动；运动非智力因素活动主导运动智力因素活动

潘菽和燕国材等人对人的心理系统都有划分为认识和意向两大系列的一致观点。他们认为，意向总是认识指引下的意向，而认识总是意向主导下的认识；没有一定认识活动指引下的意向活动是没有的，不在一定意向活动主导下的认识活动同样也是不存在的，所以，在大学生乒乓球技能学习、训练竞赛活动中，运动智力因素活动指导运动非智力因素活动；运动非智力因素活动主导运动智力因素活动。实际上，由于智力属于认识活动范畴，大学生总是通过各种智力活动认识各种乒乓球技能学习与训练规律，以发展各种运动能力，所以大学生的运动智力因素活动能对其运动非智力因素活动起指导作用，反之，大学生的运动非智力因素在运动智力因素活动指导下一旦形成，也会反过来调控、支配其运动智力因素的活动，起主导作用。由此可见，在乒乓球技能学习、训练竞赛实践活动中，大学生的运动智力和非智力因素活动总是处在辩证的互动过程之中。

（二）运动智力和非智力因素彼此之间相互促进

运动智力和非智力因素彼此之间相互促进，实际上就是大学生的运动智力和运动非智力因素活动相互制约规律的体现。在进行运动智力活动过程中，大学生可以要求其运动非智力因素活动的积极参与。在完成运动智力任务的这一过程中，大学生的运动非智力同时获得了锻炼与提升。例如，运动智力活动要求大学生想方设法解决技能学习过程中遇到的困难，这就锻炼了大学生的运动意志力或

毅力；要求大学生独立解决困难，也就提高了大学生性格的独立性和责任心等运动非智力因素，如此种种。大学生的运动非智力因素能够积极参与技能学习或训练竞赛活动，使其坚持下去，这就必然在实践中锻炼和提升了大学生的某些运动智力因素。因此，在乒乓球技能学习和训练竞赛活动过程中，大学生的运动智力和运动非智力因素具有相互促进的互动关系。

（三）运动智力和非智力因素彼此之间具有补偿效应

通过日常的技能学习或训练竞赛活动，大学生的运动智力因素的某些特点，可以直接转化为大学生运动性格（运动非智力因素）的理智特征；对于普通大学生来讲，每个人的运动智力和运动非智力因素的发展总是处在相对不均衡的状态。在乒乓球技能学习或训练竞赛过程中，大学生的运动智力或运动非智力因素的某方面的缺陷或不足，一定范围内可以由其他高度发展的心理因素予以补偿，以维持自己心理能力总体上的特定水平。在日常的乒乓球练习活动中，如果某大学生认为自己在某些运动智力因素如专项运动感知觉、思维速度、记忆力等方面相对薄弱，他可能会发扬"勤能补拙，笨鸟先飞"精神，通过努力钻研乒乓球专业理论知识，苦练基本功等策略予以弥补；对于自己在运动非智力因素方面的不足，同样他更会发挥自己的聪明才智，通过艰苦的专项体能训练、技战术训练来刻意锻炼，如此，必然促使两者在共同锻炼与补偿之中获得共同提高和发展。因此，大学生的乒乓球技能学习和训练竞赛过程中的运动智力和非智力因素之间具有补偿效应。

第三节　乒乓球技能学习和训练竞赛的重要运动智力和运动非智力因素

大学生的一切练习与竞赛活动都是建立在由运动智力和运动非智力因素共同构成的心理系统的基础之上，其中运动智力因素系统是执行-操作系统;运动非智力因素系统是动力-调节系统,两者协同支持与制约大学生的各种练习与竞赛活动。但是由于大学生的心理因素具有内隐性,不论是运动智力因素系统,还是运动非智力因素系统都非常庞杂,究竟哪些因素在具体的练习与竞赛活动中起着相对重要的作用,如何有效培养这些重要因素等诸如此类的问题,一直是困扰广大体育教师和教练员、并让其感到难以进行理想的心理训练的症结所在。因此,为开发、培养大学生的运动智力和运动非智力因素,提高乒乓球练习与竞赛活动的科学化水平,达成"双效",我们借鉴以往针对竞技运动员的心理研究,在此系统介绍对普通大学生乒乓球练习与竞赛活动影响较大的主要智力因素和非智力因素的相关问题。

一、影响大学生乒乓球技能学习、训练与竞赛活动的重要运动智力因素

大学生的乒乓球练习与竞赛活动远不同于他们的一般文化知识学习活动,在智力需求方面有显著的自身特点。为了避免日常描绘中对相关概念的模糊不清,增强专业术语的严谨性和科学性,根据逻辑学的"概念是反映对象及其属性的思维形式",给概念下定义时采用了"属加种差法"。我们在以往的研究中按照严格筛选程序,最终确定的10项具体运动智力因素的结构(见图10-5)、操作性定义与分析如下。

(一) 10项具体运动智力因素的结构

依图10-5,从这10项具体运动智力因素所涉及的范围来看,涵盖了我国智力五因素说的五项基本因素,基本能够反映大学生在乒乓球技能学习与训练竞赛活动中的运动智力的整体面貌。

(二) 10项具体运动智力因素的操作性定义与分析

1. 运动意志注意

是指大学生对乒乓球练习与竞赛活动中的某一事物有一定目的性,并需要做出一定意志努力的有意注意。运动意志注意的主要特征:

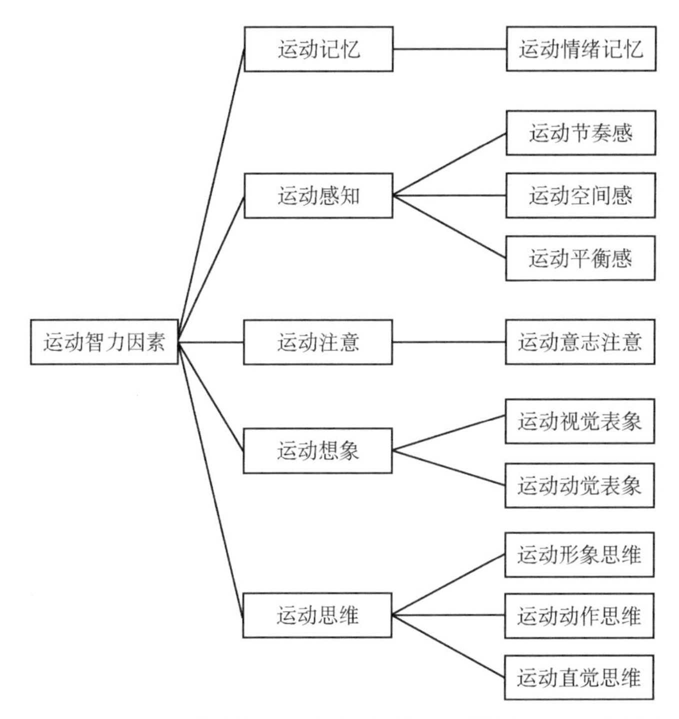

图 10-5　影响大学生练习与竞赛活动的 10 项具体运动智力因素

（1）运动意志注意与非意志注意的交替性

根据心理学，在乒乓球练习与竞赛活动过程中，大学生的注意一般可分为有意注意和无意注意两种。运动实践表明，相对于没有明确、自觉目的的无意注意来讲，大学生的有意注意是一种有自觉目的的注意形式；进而从是否需要大学生做出意志努力来看，它又可以分为两类：意志注意和非意志注意两种形式。显然，它们在一切乒乓球技能学习与训练竞赛活动中都发挥着一定作用。在乒乓球练习与竞赛活动过程中，大学生的各项乒乓球运动能力无疑主要是通过有意注意的渠道获得发展的，并且，在大多数练习与竞赛活动中，大学生都是在枯燥乏味，精疲力竭的身体状况下发展自己的体能、技战术等各种运动能力，这更需要发挥大学生的意志注意的作用。另外，在纷繁复杂的乒乓球练习与竞赛活动中，有很多知识和体验却是通过大学生的非意志注意获得的；虽然通过这一渠道所获得的知识和体验，往往不系统，但是让大学生的非意志注意参与技能学习和训练竞赛活动，可以使具体活动变得趣味无穷，能较少地消耗大学生的体力和精力，以至延缓疲劳。因此，在具体的乒乓球练习与竞赛活动中，需要根据乒乓球练习与竞赛活动的性质和目的，应注意发展大学生巧妙运用自己的意志注意和非意志注意的意识与能力，让它们有机结合，充分利用注意力这一宝贵能量资源的价值与作用。

(2) 运动意志注意的警戒性与选择性

运动意志注意是注意力的一种典型。注意力就是注意的力量、效力。关于注意的实质现在主要有两种观点：一是，心理学著作都将注意定义为心理活动对一定事物的指向和集中；二是，国外的研究认为，注意这个术语有三层含义，即“①警觉；②从可得到的信号中选择某些信息当作一种特殊的处理；③与一个人做出的有意识的努力程度有关”。在此基础上，我国的燕国材教授等人把注意定义为：注意是意向活动的一个侧面，即意识的警觉性和选择性的表现。就大学生的注意的警觉性来讲，在诸多的乒乓球练习与竞赛活动过程中，大学生的意识总是保持着一定的警戒状态，如果某种有关练习与竞赛的客观事物发生新异的变化，就会引起大学生的注意。根据巴甫洛夫学说，人的意识的警觉性是与大脑皮层的警戒点有关的。人不论在清醒的或睡眠的条件下，皮层的警戒点都存在着。由此可见，没有大学生意识的警觉性，就根本没有注意，或者说，大学生意识的警觉性是其注意实质的一个根本方面。就大学生的注意的选择性来讲，在诸多的乒乓球技能学习与训练竞赛活动过程中，随时随地都有各种各样的信息作用于大学生，究竟接受哪些信息并对它们进行加工处理，这就非常需要大学生意识的选择性活动。实践证明，大学生的注意具有选择性，大学生意识的选择性是其注意实质的另一个根本方面。另外，要深刻理解运动意志注意的涵义，还需要正确把握大学生注意的警觉性与选择性的关系。大学生的注意的警觉性和选择性是密切联系的。没有大学生在技能学习与训练竞赛活动中的警觉性，就没有注意的选择性。大学生注意的选择性是在警觉性的基础上产生的；同时，没有大学生注意的选择性，其注意的警觉性就会失去真正的意义，两者是在大学生乒乓球练习与竞赛活动中联系、统一起来的，它们都受大学生所处的某些客观条件和主观条件的制约。

(3) 运动意志注意的阶段性

根据我国非智力因素理论的心理二分法，大学生的整个心理活动可以划分为互动的认识活动和意向活动两部分。所谓意向就是通过认识活动所形成的意识倾向性。在乒乓球练习与竞赛活动中，大学生意识的倾向性是多方面的，包括意志注意在内的一切注意便是其中的一个方面。运动意志注意本身就是一个心理过程，有着自己的结构。根据燕国材教授等人的观点，注意过程的结构包括指向、集中和转移三阶段，见图10-6。

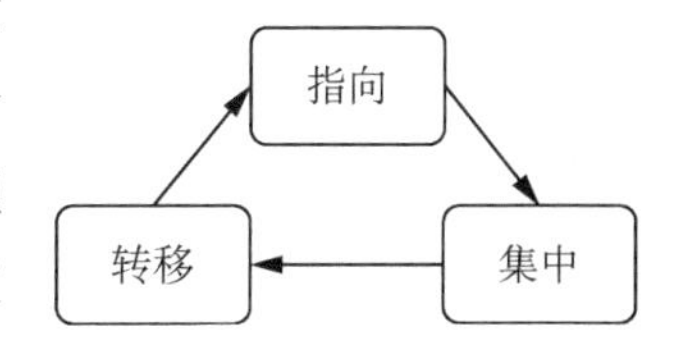

图10-6 注意过程的结构图

在乒乓球技能学习与训练竞赛活动中，指向是大学生注意过程的第一阶段，就是把意识活动朝向具有一定特点的事物；集中是大学生注意过程的第二阶段，它使大学生的意识活动深入到所要了解的事物中；转移是大学生注意过程的第三阶段或结束阶段，就是大学生主动地把意识活动从一客体转向另一客体。在乒乓球技能学习与训练竞赛活动中，大学生运动意志注意过程的指向、集中和转移三阶段是密切联系在一起的，具有循环往复的特点，我们可以把这一点看作是大学生运动意志注意活动的一条规律。

(4) 运动意志注意的范围与方向性

从20世纪70年代开始，体育心理学开始对注意问题进行研究，其中美国心理学家罗伯特·耐德弗提出了一个著名的注意方式理论。耐德弗将人的注意能力分解为两个维度：范围（狭窄到广阔）和方向（内部到外部）。范围是指在刺激域中人们能够注意到的刺激数量；方向是指人的注意是指向内部刺激还是外部刺激。以这一理论为依据，Nideffer把注意划分为四种基本类型：①广阔-外部注意，适合于把握复杂的运动情境,如集体项目中的篮球、足球、手球等运动项目;②狭窄-外部注意,适用于作出反应的短暂时刻,为击球或对抗对手等,将注意指向外部且范围很窄;③广阔-内部注意,具备这种能力的大学生善于分析,学习乒乓球技能或战术等知识的速度快,善于把各种信息纳入自己的知识储备体系之中,并借此制定计划和行动策略;④狭窄-内部注意,适合于射击、射箭、跳水等需要敏感地把握各种身体感觉的运动项目。大学生在技能学习与训练竞赛过程中非常需要这种注意类型。运动意志注意是注意中的一个典型,它也应遵循耐德弗的四种注意类型规律。如果让大学生了解耐德弗的四种注意类型,有助于他们对自己的运动意志注意这一宝贵的能量资源进行有效利用和调控。

2. 运动平衡感

运动平衡感:是指大学生在做加速度或减速度的直线运动或旋转运动时,通过内耳的前庭器官引起的本体感觉,它反映大学生对身体重心或器械稳定性的控制能力,影响身体或运动器械的整体位置和运动状况。

平衡感(sense of equilibrium)也称平衡觉,是人体做变速直线运动或旋转运动时,通过内耳的前庭器官引起的感觉。《辞海》也称其为静觉,指辨别头部位置和身体平衡状态的感觉。运动平衡感,在这里是指在乒乓球练习与竞赛活动中大学生辨别自己头部位置和身体平衡状态的感觉,以及对操作器械的稳定性程度的感知能力。根据实践经验,运动失衡可造成运动障碍、运动损伤等外科问题。人们在日常生活中处在觉醒状态时,人的头部位置多是保持与地面的垂直,即使偏离,也往往是短时间的和小幅度的。一些难、美项目,如体操、跳水、技巧、武术、滑冰和田径的撑竿跳高等项目,经常需要运动员完成一些倒立、旋转和空翻等动作,并且在完成动作过程中还需要保持自己的身体处于一定的姿势,这种需要改变运动员头部日常习惯位置的动作(有时需要运动员做出快速和连续不断的变换),对从事这些运动项目的运动员的平衡感或平衡知觉能力提出了极高的要求。

就普通大学生的乒乓球技能学习、训练竞赛来讲，由于战术需要体位变化频繁，也非常需要大学生具备保持身体整体或局部的平衡即需要具备精确感知自己身体位置变化情况的能力。

3. 运动空间感

运动空间感：是指大学生在乒乓球练习与竞赛活动中对特定物体的空间特征，包括形状、大小、距离、方向等的感知。

空间、时间和运动是一切事物存在的固有形式。任何事物离开空间、时间和运动都无法存在。在乒乓球技能学习与训练竞赛活动中，非常需要大学生不断地和及时地对这些没有固定模式的变化作出准确的判断和决策，同时做出相应的各种运动行为需要。美国心理学家瑟斯顿（Thurstone）在他所描述的人的智力结构中，就包含了空间能力和知觉速度等智力因素，并认为空间能力是指知觉空间关系和表象物体位置变化的能力；美国心理学家加德纳（H. Gardner）在他所描述的人的智力结构中也包括了空间智力和身体运动能力等智力因素，他认为空间智力是指理解视觉模式和表象物体间关系的能力；还有弗农南（Vernon）在他所描绘的人的智力层次模型中也包含了空间能力和手工操作等智力因素。运动空间感是大学生在乒乓球技能学习与训练竞赛活动中对物体（包括自身）空间特征进行反应的一种能力，这种对物体形状、大小、深度、距离、方位等的感知觉能力。除乒乓球项目外，对于其他竞技项目来讲空间感也具有特殊价值与意义，如在体操竞技项目中，有一些技术动作要求运动员暂时脱离器械，再迅速回抓器械，在这种情况下，运动员如果没有准确的空间感就无法完成这样的一些高难动作。另外，对于从事拳击、击剑等运动来讲，运动空间感，尤其是距离感更是一项非常重要的运动智力因素。

4. 运动节奏感

运动节奏感：是指大学生的大脑对完成运动技术动作的时间节奏的直接反映，是大学生对时间的一种感知。据《辞海》，节奏一词是音乐术语，是“音乐构成的基本要素之一，指各种音响有一定规律的长短强弱的交替组合，是音乐的重要表现手段。也用以比喻均匀的、有规律的工作进程。”这里的运动节奏感是指大学生在乒乓球技能学习与训练竞赛活动中对完成某一技术动作时的时间节奏的直接反映，是大学生在运动过程中的一种时间知觉。

经验证明，几乎所有运动项目的技术动作都有自己的特定的时间节奏，尤其在周期性运动项目中，如竞走、自行车和游泳等项目。从心理学角度看，因为这时所产生的动觉刺激可为他们衡量时间提供了信号。乒乓球教师和教练员认为，对于初学乒乓球的大学生来讲，节奏感的形成不仅意味着运动技能的基本形成，更是运动技能发挥、运用的灵魂，运动技能节奏的破坏，必然导致运动技能发挥受到限制，甚至失败。从某种意义上讲，大学生各种乒乓球技能的学习与训练，就是对特定运动节奏的培养和训练。

5. 运动情绪记忆

运动情绪记忆：是指大学生对乒乓球练习与竞赛活动中产生的某种情绪体验的记忆。

各种乒乓球练习和竞赛活动会使大学生产生各种不同程度和性质的刺激，如乒乓球竞赛活动需要大学生克服困难、竞争、冒险、把握机会、追求不确定结果、实现目标、控制、成功、经受挫折等等，这必然会引起大学生的各种情绪体验。从身体活动与情绪的关系的角度，Minc(1967)曾说：“没有情绪的运动和没有运动的情绪，对有机体都是有害的。”在乒乓球练习和竞赛活动中，常常伴随大学生对某些情绪体验的记忆，回忆在乒乓球技能学习、训练和竞赛活动中的某种高峰表现(peak performance)或流畅体验(flow)所伴随的情绪体验，不仅可以激发大学生进行乒乓球练习与竞赛活动的兴趣和热情，而且还可以推动大学生利用乒乓球运动进行健身的习惯养成。从这个意义上讲大学生的运动情绪记忆对乒乓球练习和训练竞赛活动具有特殊的价值和意义。

6. 运动视觉表象和动觉表象

运动视觉表象：是指在乒乓球练习与竞赛活动中大学生的视觉

感受器对感知过的某些事物的形象有意识地在头脑中的重现，如教师或教练员的示范、对手的动作形象等。

运动动觉表象：是指在乒乓球练习与竞赛活动中大学生的动觉感受器（肌梭和腱梭）对完成某一技术动作时的肌肉感觉有意识地在头脑中的重现，如乒乓球击球时的手感。

人类对于以语言为代表的思维、记忆活动的重视和对表象作用的忽视，以及由于行为主义在20世纪20年代的兴起，使现代心理学发展早期刚刚开始的对表象的研究被迫中断。但是从20世纪60年代开始，由于认知心理学的崛起，对表象的研究又重新得到重视，主要原因就是体育运动是以身体活动为表现形式，以形象为特征的心理活动必然在其中起着不同程度的重要作用。根据心理学，表象是人脑对过去感知过的事物形象的反映。如果按照起源和表现方式来划分，表象可以分为记忆表象和想象表象。我们直接地感知、操作某一事物后，可以把该事物的形象在自己的头脑中重新表现出来，这就是记忆表象；我们通过挂图、电影、录像、语言文字等的描述而间接地感知某一事物，也可以在我们的头脑中构造出该事物的相应形象，这就是想象表象。一般来说，记忆表象是想象表象的基础；想象表象是记忆表象的发展，记忆表象中也包含想象表象的成分。

根据心理学，想象力有三种形式：表象、联想和幻想。《辞海》对表象的定义为："在感觉和知觉的基础上所形成的具有一定概括性的感性形象。通过对记忆中保存的感觉和知觉的回忆或改造而成。笛卡儿、洛克和康德等认为感觉、知觉、观念对课题本身具有表象作用，因而有时也称感觉、知觉、观念为表象。"大学生乒乓球练习或竞赛活动中的动觉是一种内在感觉，往往难以对其进行精确的描述与分析。如从外观上看，同是一个"加力推"动作，动觉可能大不相同，起关键作用的可能是他们的手臂，也可能是手腕，还可能是手指，因人、因时而异。相比而言，教师向大学生解释技术动作的肌肉用力感觉即动觉会比给他们呈现直观的动作示范即引起大学生的视觉表象要困难得多。因为动觉缺乏可视性，大学生实际理解和记忆的动觉表象可能与教师或教练员所希望理解和记忆的动觉表象存在很大差异。如乒乓球教师经常说的一些训练指导语:“用70%—80%的力量”“不发死力”等,仅是规定了动觉表象质的方面的一些要求,不可能对它们进行精确的定量的指导。

7. 运动直觉思维

运动直觉思维:是指大学生在复杂的乒乓球练习与竞赛情境中,根据有限的信息,对面临的问题作出直接、快速决策与行动的一种思维。

直觉既是一个古老、深奥的哲学问题,也是一个现实、高频率的心理学问题。根据心理学可知,直觉思维就是对思维不加评判,只是凭直觉对面对的情境或信息做出迅速的识别、敏锐的观察和整体地判断。直觉思维不经过人们大脑的冗长思考和反复推敲,只是凭即刻的直觉直接猜测到面临问题的关键所在。通俗地说,就是突然地产生了某种想法、做出了某种解答或应对行动。直觉思维是一种直接领悟的思维,它不带任何论证的形式进入人的意识,是一种无意识的思维。在这里,运动直觉思维是指运动员在复杂的运动训练竞赛情境中,根据有限的信息,对面临的问题作出直接、快速决策与行动的思维。

运动直觉思维是直觉思维中的一种,在乒乓球练习与竞赛活动中,往往表现出以下特征:①经历的时间短,甚至在瞬间完成;②从现象直接到本质,大学生不经过严密的思维逻辑步骤;③大学生在瞬间形成的对所面临运动问题的解决方案,不必然真,也不必然假,具有不确定性;④有教练认为,在紧张激烈的乒乓球竞赛过程中,高水平运动员往往进行直觉思维。这可能是由于高水平运动员相对具有较丰富的运动经验所致;⑤运动直觉思维多出现在压力大、复杂的竞争情境之中,与运动项目的关系可能较大;⑥乒乓球水平越高,往往也越凭自己的直觉进行动作或行为选择;⑦在乒乓球练习与竞赛活动中,大学生的直觉思维也往往具有一定的局限性和错误性。

8. 运动动作思维和形象思维

运动动作思维:是指大学生在乒乓球练习与竞赛活动中凭借直接

的感知，在实际的运动操作过程中，从动作到动作的一种具体思维。

运动形象思维：是指大学生在乒乓球练习与竞赛活动中凭借对事物的形象（或表象），按照描述逻辑的规律而进行的思维。

根据心理学，思维是多层次，多水平的，按照不同的层次和水平可以把思维划分为具体思维和抽象思维两大类，前者包括动作思维和形象思维，后者包括形式思维和辩证思维。在乒乓球练习与竞赛活动中，大学生所采用的动作思维，结构比较简单，动作既是思维的起点，也是思维的结果。在这种思维中，某些中间环节被省略掉了，从动作到动作是运动思维的突出特点。大学生动作思维的任务是直观的、以具体形式给予，其解决方式是实际操作；在乒乓球练习与竞赛活动中，大学生所采用的形象思维是凭借事物的形象或表象，按照描述逻辑的规律而进行的一种思维，这种思维的形式是表象、联想和想象。表象是单个的；联想是把两个表象联结起来；想象是将一系列有关的表象融合在一起，构成一种新形象。这里的表象、联想和想象，按顺序相当于抽象思维凭借的三种形式：概念、判断和推理。据《辞海》，“它遵循认识的一般规律，即通过实践由感性阶段发展到理性阶段，达到对事物本质的认识和把握。但形象思维又有其特殊规律，即需通过特殊的个体去体现它的一般意蕴，因此，形象思维不能脱离具体的形象，不能抛弃事物的现象形态。形象思维又常常伴随着强烈的情感，情感的逻辑起着重大的作用”。

需要补充的是，也有根据抽象性对思维进行分类的，如果从这种角度进行划分，把思维划分为直观行动思维、具体形象思维和抽象逻辑思维。“不论从种系发展还是个体发展的角度看，人类最初发展的思维形式是直观行动思维。直观行动思维在人的个体发展中向两个方向发展：一是它在思维中的地位逐渐弱化，让位于具体形象思维；二是向高水平的操作思维演进。这里所说的操作思维，有动作思维、形象思维、抽象思维的共同参与，它以人们过去的知识经验为中介，有明确的自我意识的参与，是一种综合的思维形式。这种操作思维反映肌肉动作和操作对象的相互关系及其规律。”

二、影响大学生乒乓球技能学习、训练与竞赛活动的重要运动非智力因素

在以往的运动心理学等专业书籍中，往往探讨的是“紧张、焦虑、自负、恐惧”等负性的一些心理现象问题。我们认为，这些心理现象都是由于大学生认知方面出现错误，运动非智力因素方面调控不到位所致。因此，辟专章节系统阐述影响大学生乒乓球技能学习、训练和竞赛活动的重要运动非智力因素。大学生的乒乓球练习与竞赛活动，在运动非智力因素需求方面也有显著的自身特点。为了避免日常描绘中对相关概念的模糊不清，增强专业术语的严谨性和科学性，也根据逻辑学的“概念是反映对象及其属性的思维形式”，给概念下定义时也采用了“属加种差法”。在此，根据以往的研究，我们专门系统介绍 10 项对大学生乒乓球技能学习、训练和竞赛活动有重要影响的具体运动非智力因素的结构(见图 10-7)、操作性定义与分析如下：

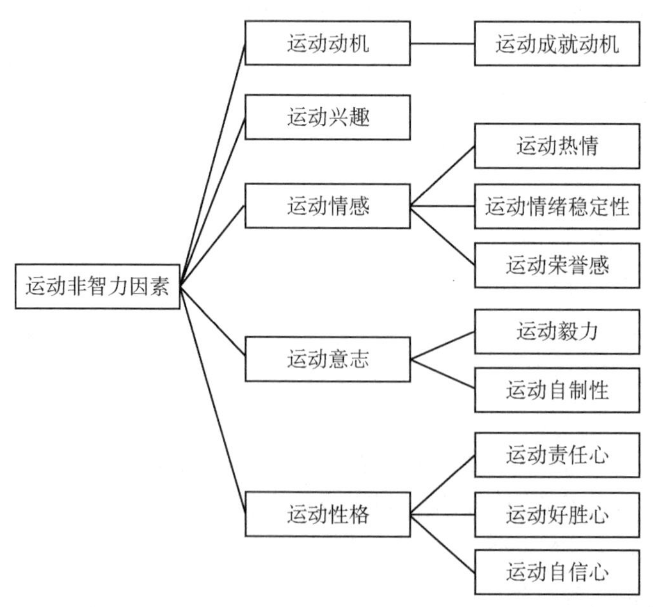

图 10-7　影响运动训练竞赛活动的 10 项具体运动非智力因素

(一) 10项具体运动非智力因素的结构

根据我国非智力五因素说的系统层次，选取的与大学生乒乓球技能学习、训练和竞赛活动关系密切的10项具体运动非智力因素，能够从整体上反映和体现运动非智力因素水平。

(二) 10项具体运动非智力因素的操作性定义与分析

为了增强对相关概念认识的一致性，遵循逻辑学的概念定义原则对它们分别进行了如下操作性释义：

(1) 运动成就动机：是指一个运动员在运动训练竞赛活动中对自己认为重要或有价值的活动，不但愿意去做，而且能达到完美地步的一种内在推动力量。简而言之，就是由运动员的成就需要转化而来的一种运动训练或竞赛动机。

(2) 运动兴趣：是指运动员力求认识和趋向自己所从事的运动专项的一种个性倾向，与对运动专项的肯定性情绪相联系。对于训练就是训练兴趣；对于比赛就是竞赛兴趣。

(3) 运动热情：是指运动员对自己所从事的运动训练竞赛活动表现出的一种比较热烈、稳定而深厚的情感状态。它不如运动激情强烈，但较运动激情深厚而持久；它不如运动心境广泛，但比运动心境深刻而稳定。一个具有运动训练竞赛热情的运动员往往会表现出以下几个特点：能积极主动地进行运动训练或竞赛活动；能从运动训练竞赛活动中体验到快乐和获得一定满足感；不会计较运动训练竞赛条件，训练或竞赛时比较专心；易于养成勤练和好练等习惯。对于训练就是训练热情；对于比赛就是竞赛热情。

(4) 运动责任心：是指一个运动员对其所属运动团队的共同活动、行为规范以及自己所肩负的运动训练竞赛任务的一种自觉态度。运动员的运动责任心包括三个成分：对自己责任的认识、自己的责任感和自己的负责行为。

(5) 运动情绪稳定性：是指运动员在运动训练竞赛活动中受外界或内部条件变化而产生波动的情况，是运动员的一种重要个性品质。情绪不稳定的运动员易于被运动训练竞赛活动中的事物引起情绪波动，即使是生活中的琐事也可招致情绪的变化，情绪一经引起波动，对情绪的控制力往往较差。

(6) 运动毅力：是指运动员在运动训练竞赛过程中保持充沛精力，坚韧顽强，不屈不挠地克服困难，排除干扰，坚决完成任务，实现自己运动训练竞赛目标的一种意志品质。

(7) 运动好胜心：是指一个运动员不满足现状、力争取得更大运动成绩、力求不断超越自己、超越他人的一种运动性格特征。

(8) 运动荣誉感：是指运动员在运动训练竞赛活动中追求光荣声誉的一种情绪体验。有个人荣誉感和集体荣誉感两种。

(9) 运动自信心：是指运动员对自己竞技能力的确信，深信自己一定能够实现或达到自己追求的运动目标。自信心是静态的，是由运动员意志过程中处于动态的信心逐渐稳定下来而形成的一种宝贵的运动性格特征。具有自信心的运动员在运动训练竞赛活动中往往表现出以下特征：所定运动目标比较具体而切合实际；对自己的运动能力或竞技能力有着比较准确的估计；喜欢完成有一定难度的运动训练竞赛任务；有更高的运动抱负水平，具有谦虚、谨慎的品质。

(10) 运动自制性：是指一个运动员在运动训练竞赛活动中善于控制自己的情绪和思维，约束自己的言行，是一种宝贵的运动意志品质。一个具有自制性的运动员，他善于迫使自己执行已经采取的决定，并能战胜与执行自己的决定相冲突的一切因素；善于在行动中抑制自己的消极情绪和冲动行为，并能适时地调节自己的行动。一个缺乏运动自制性的运动员，则往往会表现出放纵自己，听之任之；随波逐流，不负责任等。

1. 运动成就动机

运动成就动机是指一个大学生在乒乓球技能学习、训练与竞赛活动中对自己认为重要或有价值的活动，不但愿意去做，而且能达到完美地步的一种内在推动力量。简言之，就是由大学生的成就需要转化而来的一种运动训练竞赛动机。要全面理解运动成就动机还应把握以下几点：

（1）运动成就动机的内涵

现在有不少论述动机的文章或著作都把它定义为：动机是激励人们进行某种活动的内在原因或内部动力。这只是就“推动活动”这一点来说明动机的性质，应当说具有片面性。根据台湾心理学家张春兴教授给动机下的定义：“所谓动机（motivation）是指引起个体活动，维持已引起的活动，并导使该种活动朝向某一目标进行的一种内在历程。”这个定义较全面地阐述了动机的性质：第一，动机是人们从事某种活动的原因，是推动人们从事某种活动的内部动力；第二，动机把某种活动引起之后，不会立即停止，会继续发挥它的功能；第三，动机是一种“内在历程”“中间变项”，不能直接观察，只能通过一个人当时所处情境及其行为表现予以解释。人们参与不同的实践活动会有不同性质的活动动机。正因为如此，可以有各种各样的活动动机，在乒乓球技能学习、训练与竞赛活动中，不同的大学生会有不同的运动成就动机。

（2）运动成就动机与目的的关系

了解动机和目的两个心理因素之间的关系，对于我们正确、全面地认识大学生练习乒乓球的运动成就动机是十分必要的。

要从事某种活动，一般来说，人们总是先有一定的动机，并指向一定的目的。包括成就动机在内，动机是活动的原因，它表明一个人为什么去从事某种活动；目的是人们从事某种活动所追求的结果。人的各种活动一般都是有头有尾，有出发点和归宿处，动机和目的的关系就分别表示人的活动的这两端。在日常的实践活动中，人们往往把动机与目的混为一谈，其实，两者既有联系，又有区别。首先，动机与目的具有不可分割的关系，有动机必有与之相伴的目的，反之亦然；其次，动机与目的有时又几乎是一致的，这主要体现在一些简单的活动之中；再次，动机与目的可以相互转化。最后，动机与目的的关系，就像原因与结果的关系一样，是错综复杂的关系。教学实践证明，普通大学生练习乒乓球，动机可能只有一个，但可能有若干个阶段性的目的；反之亦然。另外，在同一个人或不同的人身上，即使是同样的动机也可以体现在不同的目的的活动之中;同样,在同一活动的目的情况之下,也可以源自不同的动机驱使。

(3) 运动成就动机与成就需要的关系

为加深对运动成就动机的认识,在了解以上动机的诸多性质基础上,还应掌握成就动机与成就需要之间的关系,见图 10-8。依图 10-8,当大学生面对乒乓球比赛这种运动成就情境时,为克服障碍,发挥自己的运动能力,会产生力求尽快尽好地解决所面临难题的心理需要。这种心理需要是由大学生力求成功,敢于成功的动机(Ms)和害怕失败,避免失败的需要(MAf)两种成分的动态整合。一般来讲,成功者的动机是敢于成功的动机(Ms)强度大于失败的动机(MAf)强度;失败者的动机是敢于成功的动机(Ms)强度小于害怕失败的动机(MAf)强度。

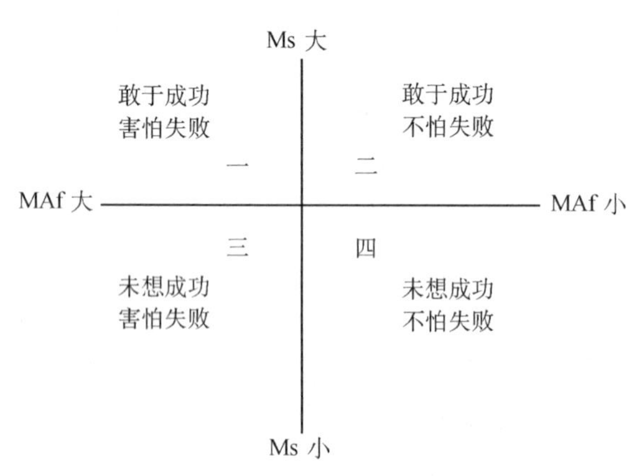

图 10-8 大学生乒乓球竞赛时的成就需求类型

具体可表现为以下四种基本情况:①一象限的大学生特别想成功,同时特别怕失败;②二象限的大学生特别想成功,同时不怕失败;③三象限的大学生追求成功的想法不强烈,同时还惧怕失败;④四象限的大学生追求成功的想法不强烈,同时也不害怕失败。由此可见,大学生的运动成就动机和成就需要之间也是非常复杂的关系。

2. 运动兴趣

运动兴趣是指在乒乓球技能学习、训练和竞赛活动中大学生基于自己对某一项训练或比赛内容的需要、愿望或情感而表现出一定的趋向性和选择性。运动兴趣一般与大学生对乒乓球运动的肯定性情绪相联系。运动兴趣的基本特征如下:

运动兴趣属于大学生的意向过程,是意识倾向性的表现,是大学生的意识对一定客体(事物或活动)的内在趋向性和内在选择性。运动兴趣的内在选择性和内在趋向性具有不可分割的关系:一方面,大学生在选择的基础上确定趋向;另一方面,大学生也可以在趋向的过程中加以选择。内在选择性和内在趋向性是运动兴趣的两个基本特征。在乒乓球运动中,大学生的运动兴趣也遵循兴趣发展的一般过程,即一般也要经历"有趣—乐趣—志趣"这样几个演进环节。感觉乒乓球运动有趣是大学生运动兴趣发展过程的第一阶段,具有为时短暂性、盲目性和广泛性等特点;乐趣是大学生运动兴趣发展的第二阶段,处于运动兴趣发展的中级水平,是在有趣基础上定向发展的结果。这个阶段的基本特点是:基本定向、为时较长、带有专一性和坚持性;志趣是大学生运动兴趣发展的高级阶段,是大学生的运动兴趣与优秀的运动理想和努力追求目标相结合的结晶,其基本特征是:具有社会性、自觉性和方向性。

3. 运动热情

运动热情是指大学生对乒乓球技能学习、训练与竞赛活动所表现出的一种比较热烈、稳定而深厚的情感状态。大学生对乒乓球运动的运动热情是在运动兴趣的基础上产生的,但它是一种比运动兴趣更为固定、更为持久的情感。要正确理解大学生的运动热情,还需要深入了解人们对情感概念的一般看法。在我国的心理学著作中,一般把情感定义为:情感是人们对客观事物的态度的体验。在这个概念中由于用了态度与体验这两个术语,显得晦涩难懂。我们比较赞同燕国材教授等人的观点,由于情感同情绪、性格、意志等一样,也属于人的意向过程,是人的意识倾向性的表现。因此,情感就是由一定的客观事物所引起的意识的波动性和感染性。从一个人的情感发生、发展和形成的过程来看，总是由情绪发展到情感，再发展到情操。"情绪、情感和情操是广义的情感的三种基本形式。"情绪是一种低级、简单的情感。它一般与人的生理需要或物质需要相联系，但也有与社会需要或精神需要相联系的。一般来讲，情绪的持续时间比较短暂、外部表现明显，通常以激情和心境两种形式来表现。激情也就是人们通常所说的激动或冲动，它发生迅速、表现强烈，是持续时间较短暂的一种爆发式的情绪。从大学生练习乒乓球的角度看，其激情一般是积极的；心境即人们通常所说的心情，它是一种比较持久、微弱平静，而弥漫式扩散的情绪状态。人们的心境与激情一样也有积极与消极之分。情感（狭义的）是一种比较高级复杂的情感（广义的）。它一般与人的社会或精神需要相联系，其持续时间比较长，外部表现一般不明显。情感通常以迷恋与热情两种形式来表现。在日常生活过程中，人们有时会热烈地追求这一件事，有时又热烈地渴望另一件事，这就是迷恋的表现。迷恋不够稳定，与人的基本生活目标一般没有本质的联系。同迷恋相比，热情却是一种比较强烈、稳定而深厚的情感状态。迷恋和热情都有积极与消极的两面性。情操是一种更加高级、更加复杂的情感。它一般与人的社会需要相联系，具有更大的社会意义。情操是一种最深厚、最稳固、最坚定的高级社会情感，它反映一个人的精神世界和个性。大学生练习乒乓球的运动热情是其众多情感中的特例，它也具有如上所说的形式和特征，了解这些对于我们正确认识和把握大学生练习乒乓球的运动情感的本质是十分必要的。

在乒乓球练习、训练竞赛情境中，大学生的运动热情，一般具有如下几个特点：①情境性。大学生的运动热情总与一定的乒乓球运动情境相联系，情境改变了运动热情自然改变，甚至消失；一旦情境再现，相应的运动热情也可以重新点燃。②感染性。依心理学，以情动情叫作情感的感染性。在乒乓球练习和竞赛活动中，某大学生的运动热情在一定程度上可以触动别人，同样，别人的运动热情也可以触动自己。如乒乓球教师对乒乓球训练工作的高度热情，在一定程度上，就能调动大学生训练与竞赛的兴趣和热情。③外显性。由于人的情感总会引起自身的一些反应和变化，所以，在乒乓球练习、训练和竞赛情境中，大学生所表现出的运动热情总可以通过自己的语言、身体行为和面部表情等表现出来，即具有一定的外显性。④波动性。运动热情是大学生在乒乓球练习和竞赛情境中所表现出的一种心理的波动状态。在这种状态下，不仅大学生的心理处于波动状态，而且与之相联系的生理方面也会处于波动状态。⑤扩散性。在一定条件下，大学生的某种运动热情可以自行传播或弥散到别人身上。它显然具有四种形式：向内扩散（向自身扩散，使自己的整个心理和行为在一定时间内都笼罩上一定程度的感情色彩）、向外扩散（自身的热情传播、弥漫到别人身上）、时间扩散（在一定时间段不消失）和空间扩散（弥漫到许多人或物上）。

4. 运动情绪稳定性

运动情绪稳定性是指在乒乓球练习与竞赛活动中，大学生的情绪状态受外界或内部条件变化而产生波动的情况。运动情绪稳定性对于大学生的各项乒乓球活动都有直接影响，要深刻把控这一重要心理因素还需要深刻理解运动情绪稳定性与运动效率的关系。

在乒乓球技能学习、训练与竞赛活动中，大学生必然会产生一定的运动情绪状态，而这些不同性质的情绪，又可引起大学生机体相应的激奋水平或生理反应，并对活动效果产生影响，也就是说，情绪的稳定性水平与运动效率和效果之间有着一定的对应关系。根据耶克斯-多德森定律（Yerkes and Dodson 定律），大学生的活动效率与其激奋水平有关：活动效率先随激奋水平的升高而提高，达到最佳水平后，又随激奋水平的升高而下降，即活动效率在适中的激奋水平下最高，但这种适中的激奋水平，当活动简单即活动难度小时应偏高，复杂时应偏低，见图 10-9。

根据这一定律，对于初学乒乓球的大学生来讲，在乒乓球技能学

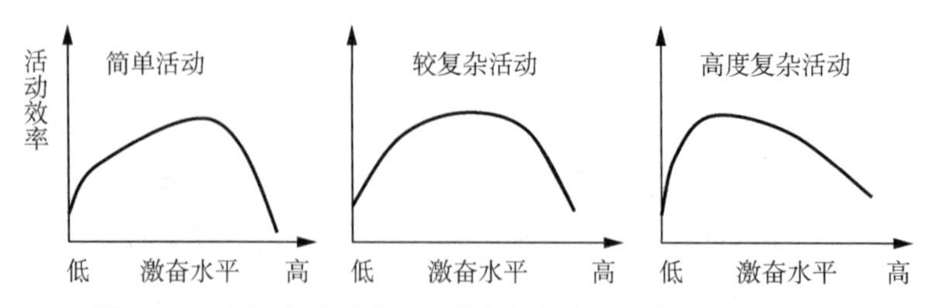

图 10-9　大学生乒乓球活动效率与激奋水平的曲线函数关系

习、训练和竞赛活动时，要根据活动的难度以及大学生的运动能力等因素控制大学生的激奋水平，不能过高，也不能过低，具有适度的情绪稳定性水平才能取得好的活动效果。

5. 运动荣誉感

运动荣誉感是指大学生在乒乓球竞赛活动中追求光荣声誉的一种情绪体验。《辞海》对荣誉的解释是："个体或团体由于出色地履行义务而获得的公认的赞许和奖励，以及与之相应的主观上的肯定性感受，是客观评价和主观感受的统一。在不同的社会或阶级中有不同的内容和形式。"对于什么是荣誉感？库利(C. H. Cooley)称为"求荣誉"的心理；托马斯(W. L. Thomas)称为"求荣誉"的愿望；燕国材教授等人认为，荣誉感就是人们追求光荣声誉的一种情绪体验。对于肩负特殊使命的大学生运动员来讲，他们的荣誉感就是运动荣誉感，就是运动员在运动竞赛活动中追求光荣声誉和自我实现的一种情绪体验。大学生运动员的这种情感实质上反映了运动员个人与运动集体，小运动集体与大运动集体之间的关系。一个大学生运动员受到其所在运动集体的承认、重视或赞许，他就会感到愉悦和自豪；如果受到运动集体的疏远、批评，甚至排斥，就会感到苦闷和内疚。一般地说，大学生运动员总是渴望创造优异的运动成绩、表现出令人赞赏的竞技行为，以赢得所在运动集体的肯定和尊重，获得集体给予的荣誉。同时，大学生运动员也总是盼望自己所在的运动集体，比别人的运动集体更优秀，受到社会和他人的称赞、仰慕等。大学生运动员的运动荣誉感可以有两种形式：一是个人荣誉感，它是大学生运动员只关心个人在运动小集体中的地位;一是集体荣誉感,它是大学生运动员关心本集体在更大的集体中的地位,并且自觉、主动地把个人的运动成绩与所在运动集体联系起来。在乒乓球竞赛活动中,应当引导和教育大学生运动员既要重视个人的运动荣誉感,也要重视集体的运动荣誉感,把两者有机统一起来。坦诚地讲,过去在很长的一段时间内我们只强调集体荣誉感,把个人荣誉感作为个人主义来批判,显然是错误的,因为集体荣誉感和个人荣誉感是紧密联系在一起的。当然,我们也不要抹杀集体荣誉感的意义和价值。如果大学生运动员因荣誉而沾沾自喜,不能保持头脑冷静,影响自己进步和发展,被荣誉所累的现象也不鲜见。从一定意义上讲,运动荣誉感是大学生运动员在与自己的虚荣心不断冲突中形成和巩固起来的。所谓虚荣心就是满足于虚假的荣誉,或沽名钓誉,或自欺欺人,它是荣誉感的扭曲和不正常发展。为了培养大学生运动员形成真正的运动荣誉感必须杜绝虚荣心。培根说:“名誉有如江河,它所漂起的常是轻浮之物,而不是确有分量的实体。”如果我们的每一位大学生运动员对荣誉都有如此的认识,那他一定不会泛起个人虚荣心。

6. 运动毅力

运动毅力是指大学生运动员在乒乓球运动训练竞赛过程中保持充沛精力,坚韧顽强,不屈不挠地克服困难,排除干扰,坚决完成任务,努力实现自己运动训练竞赛目标的一种意志品质。马克思指出,人离开动物愈远愈带有经过思考的、有计划的、向着一定的和事先知道的目标前进的特征。因此,人们在从事各种实践活动时,并不是像动物那样消极被动地顺应环境,成为自然的奴隶,而是积极主动地改造世界,成为社会的主人。人们在进行多数行动之前,总要先考虑做什么、怎样做,然后有计划、有选择地开始实施,并达到目的。对于大学生运动员来讲,就要考虑提高自己的竞技能力,追求训练课的“双效”,这就要求大学生运动员不仅能够做到运动过程中高度集中注意力,抵制、排除影响训练的一切不利因素,而且还要忍受超负荷训练给自己的机体带来的巨大不适,不折不扣地完成训练任务,这就是一个大学生运动员预先设计训练目标，根据训练目标组织、支配、调节训练行为，克服种种困难最后实现目标的过程。狄更斯说："顽强的毅力可以征服世界上任何一座高峰。"

根据乒乓球运动训练竞赛实践，具有顽强运动毅力的大学生运动员，一般具有这样一些特征：①对自己的运动能力有坚定的信念，执着追求既定目标；②不怕困难，并千方百计地去克服困难；③善于总结运动训练与竞赛方面的经验与教训。除了从事训练竞赛的大学生运动员之外，对于为了掌握各种乒乓球技能培养健身习惯的一般大学生来讲，更需要发挥自己的运动毅力从身心两方面投入大量的精力才行，因为乒乓球运动技战术体系复杂，对大学生的心理调动与发挥能力要求很高。

7. 运动自制性

运动自制性也称作运动自制力，是指一个大学生在乒乓球训练竞赛活动中善于控制自己的情绪和思维，约束自己的言行的一种宝贵的意志品质。前苏联在《普通心理学》中，把自制力定义为：自制力就是善于使不合愿望但很强烈的动机服从自己；能够抑制住妨碍达到目的的心理现象和生理现象所表现出来的个性意志特征，称为自制力或自持力。自制力的这两个定义对于我们正确把握大学生运动员的运动自制性颇有借鉴意义。大学生运动员自制性的发展与变化，从内部看，主要依赖于其自我意识与内抑制机制的发展与增强，另外，从外部看，是在他制的基础上，依他制为转移的；从过程上看，大致可划分为四个阶段：他制阶段、他制与自制相结合阶段、内心自制阶段以及形成自制习惯阶段。在乒乓球训练竞赛活动中，大学生运动员绝不可能随心所欲，完全自由，必须遵从诸多乒乓球训练与竞赛的客观规律和规则。这就要求大学生运动员必须克制自己，以适应乒乓球训练竞赛活动的需求。同时，为了达到或实现自己一定的乒乓球训练或竞赛目标，必须能够抵制来自外界或内在的种种干扰和诱惑，所有这些品质都是一个大学生运动员意志自制性的表现。综合起来看，一个具有自制性的大学生，在乒乓球训练竞赛实践活动中，可主要表现出以下几个特点：①善于迫使自己执行已经采取的决定，并能战胜与执行自己的决定相冲突的一切因素；②善于在行动中抑制自己的消极情绪和冲动行为，并能适时地调节自己的行动，表现出良好的灵活性和机智；③在集体利益和个人利益面前，能够牺牲个人利益，以集体利益为重；④在成功面前，不骄傲自满，在失败面前，不灰心丧气，能再接再厉。而一个缺乏自制性的运动员，则表现出放纵自己、悲观失望、听之任之、随波逐流、不负责任等不良运动行为。

8. 运动责任心

运动责任心是指一个大学生对其所属运动团队的共同活动、行为规范以及自己所肩负的运动训练竞赛任务的一种自觉态度。大学生的运动责任心包括三个成分：对自己责任的认识、自己的责任感和自己的负责行为。根据《心理学大词典》，责任心是由认识、责任感和负责行为三部分构成。在乒乓球技能学习、运动训练或竞赛活动中，一个大学生总是要参加一定的运动集体的共同活动，维护运动集体的行为规范，承担一定的运动训练与竞赛任务；而且还要对这种共同活动、行为规范和训练竞赛任务，采取自觉的态度和积极的行动，认真负责，努力完成。一个大学生运动责任心的发展、变化依赖于许多因素和条件，主要有：①依赖于对运动训练与竞赛任务的理解程度。一般来说，如果大学生对自己应当完成的运动训练与竞赛任务的重要性和必要性有充分的认识，那就容易养成积极的运动责任心，反之，那就很难养成运动责任心。因此，大学生的运动责任心是在对自己所负运动责任的认识的基础上形成起来的，也随其对这种责任的认识的发展变化而发展变化。②依赖于大学生所具有的完成乒乓球技能学习、运动训练或竞赛任务的运动能力水平。根据实践经验，如果一个大学生有足够的运动能力完成某种活动任务，那他就容易形成相应的运动责任心，反之，如果一个大学生运动水平较低，时常完不成该完成的技能学习、运动训练或竞赛任务，那他就很难形成什么运动责任心。从这个角度讲，运动责任心是随大学生运动能力水平的发展变化而发展变化的。③依赖于能否预见乒乓球技能学习、运动训练和竞赛行为的后果。如果一个大学生对自己的某种运动训练或竞赛行为的结果有较高的预见性并坚信，那么，他在运动训练或竞赛活动中表现的责任心水平就越高，反之，就越低。④依赖于大学生是否敢于对自己的运动训练或竞赛行为后果承担责任。如果一个大学生，对自己的乒乓球技能学习、运动训练或竞赛行为的后果敢于承担责任，就表明他有运动责任心。

9. 运动自信心

运动自信心是指一个大学生对自己运动能力的确信，深信自己一定能够实现或达到自己追求的运动目标。自信心是静态的，是由大学生意志过程中处于动态的信心逐渐稳定下来而形成的一种宝贵的性格特征。如“我有把握”“这个困难我能克服”“我行”和“我能”等都是大学生具有运动自信心的写照。在乒乓球技能学习、运动训练或竞赛活动中，具有运动自信心的大学生往往表现出以下特征：①所定运动目标比较具体而切合实际。具有自信心的大学生总是根据自己的运动能力水平，定出经过自己一定的艰苦努力才可以实现的技能学习、运动训练或竞赛目标。不论是长期的，还是短期的目标，一般都比较具体。②对自己的运动能力有着比较准确的估计。具有运动自信心的大学生从不盲目地相信自己的能力，总是把自己的自信建立在对自己运动能力的正确认识基础之上。③喜欢完成有一定难度的技能学习、运动训练与竞赛任务。在乒乓球技能学习、运动训练或竞赛活动中，具有高度运动自信心的大学生也总是喜欢探索新的东西，挑战有一定难度的练习与竞赛任务。④具有谦虚、谨慎的品质。一个具有运动自信心的大学生，能够深刻认识到“人外有人，天外有天”的道理，总会表现出谦虚谨慎，勤学苦练的运动态度和行为。但是，我们也应注意识别大学生在运动自信心方面所表现出的复杂情况，也就是要注意识别大学生不良的运动自信心包括自信心不足和虚假自信心两种情况。大学生的运动自信心可用一连续体表示，见图 10-10。每个大学生的自信心水平都可以在这个连续体上找到自己的位置。

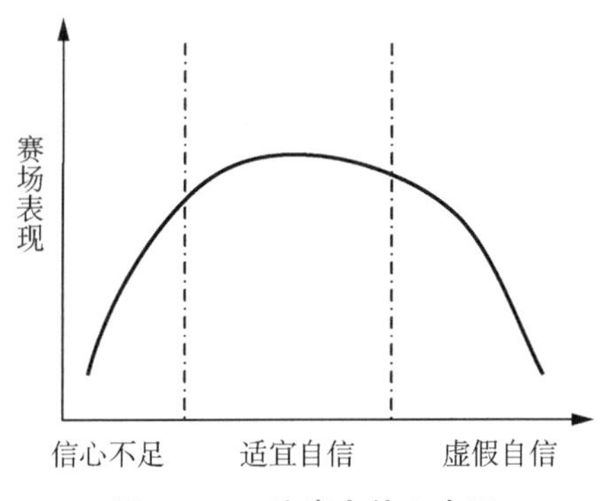

图 10-10　比赛自信心水平

依图 10-10，运动自信心不足和虚假自信心都不能满足大学生乒乓球比赛的需要，乒乓球竞赛所需要的是适宜的运动自信心。为识别，还需深刻认识大学生虚假运动自信心的一般特征：①大学生表现为缺乏自知之明，会把以前偶然获得的成功当作自己的真实水平，有时也会把教师、教练和别人对他的提醒看作是小瞧他。②把以前获胜的经历看作是下次比赛的预期，赛前往往心存侥幸，赛前准备不认真，总相信幸运的天平能够再次向自己倾斜。③赛前心高气盛，心态不稳，但是一旦遇到挫折，便可能惊慌失措，变得情绪低落并不理智。④赛前往往过度兴奋，表现出声势很大的样子，但比赛一开始便缩手缩脚，技术僵硬变形，会从一个极端走向另一个极端，甚至会鲁莽地放弃努力，运动自信心水平骤然下降等等。

10. 运动好胜心

运动好胜心是指一个大学生在乒乓球技能学习、运动训练与竞赛活动中表现出的不满足现状、力争取得更大运动成绩、力求不断超越自己、超越他人的一种运动性格特征。拿破仑曾说："不想当元帅的士兵不是好士兵"。一个大学生的好胜心是与其自信心和自尊心紧密地联系在一起的。只有当一个大学生认为自己有价值；别人应该平等地对待自己，尊重自己，并相信自己具有一定的能力和品德时，才可能有好胜心。具有运动好胜心的大学生，一般都会表现出以下几个特征：①不满足于现状。好胜心强的大学生，善于寻找自己心目中的榜样，善于发现自己的优点和缺点，善于自我动员和激励，自我监督，不安心于现有运动能力或成就。②力求超越他人。具有运动好胜心的大学生总是渴望战胜一切对手，尤其在被别人小瞧时，会表现得更为强烈。③总希望不断超越自己。有好胜心的大学生总是力求做到：今天的我要比昨天的我好，明天的我要比今天的我更强。

第四节　与乒乓球运动关系密切的重要运动智力因素的训练

不同的运动项目需要不同的运动智力，增强专项运动智力的开发意识无疑对于乒乓球教学和专项运动训练竞赛具有深刻意义。通过开发大学生乒乓球运动智力促进教学“双效”，一直是一个教学难点。基于长期研究和教学经验积累，在此专门阐述关于涉及乒乓球技能学习、训练与竞赛重要运动智力因素的训练或开发问题十分重要。

根据前期研究和乒乓球教学实际，对大学生 10 项具体运动智力因素的培养方法概述如下：

一、运动意志注意的培养方法

培养大学生的运动意志注意，可采用以下几种方法：

(1) 目标训练法

在乒乓球技能学习、训练或竞赛活动中，为了能够较长时间地保持注意，让大学生明确具体技能学习、训练或竞赛活动的总目标及其分目标，以及应完成的学习、训练与竞赛任务十分必要。这就是我们通常所讲的“以学生为中心”“目标为导向”“问题为导向”“任务为导向”等教学理念的具体落实。

(2) 兴趣训练法

一般来说,在乒乓球技能学习、训练或竞赛活动中,大学生的无意注意和非意志注意都是由直接兴趣所引起和维持的,而意志注意是由间接兴趣所引起和维持的,因此,为培养大学生的运动意志注意,应让大学生明确乒乓球技能学习、训练竞赛任务、目的与意义,高度重视激发大学生对乒乓球运动的生活和现实意义的间接兴趣。

(3) 选择训练法

从心理学的角度看,选择性是注意的一项基本特性,可以说,没有选择,就没有注意。在具体的乒乓球技能学习、运动训练与竞赛活动中,要有效培养大学生的运动意志注意,必须提升培养学生获得重要信息的意识与能力,做到这一点才能促使大学生善于选择和放弃。采用选择训练法,就是要大学生发挥主动性,做乒乓球技能学习、运动训练与竞赛活动的主人,学会放弃也是大学生在技能学习、运动训练或竞赛活动中有主动性的表现。

(4) 引导训练法

引导大学生掌握有助于运动意志注意的条件,养成运动意志注意的习惯。培养大学生运动意志注意的条件,一般有:①让大学生明确技能学习、运动训练与竞赛任务;②积极进行思维,激发浓厚的技能学习、运动训练或竞赛的浓厚兴趣;③有意加强意志锻炼;④进行专项环境下的专门练习。

二、感知类运动智力因素的培养方法

这里所说的感知类运动智力因素包括运动平衡感、运动空间感和运动节奏感。大学生的感知类运动智力因素也是可以开发与培养的,具有一定程度的可训练性。开发、培养感知类运动智力因素的主要方法有——想象法与练习法。

就想象法来讲,根据19世纪德国著名化学家舍夫列利和英国物理学家法拉第同时独立发现的“念动现象”,当人产生一种动作表象时，总伴随着实现这种动作的神经冲动，大脑皮层的相应中枢就会兴奋，原有的暂时神经联系会恢复，这种兴奋会引起相应肌肉进行难以察觉的动作，这也就是“神经肌肉理论”。在乒乓球技能学习、运动训练或竞赛活动中，大学生通过想象完成某种技术动作的平衡、空间或节奏状态，可以帮助大学生暂时在神经肌肉系统之间建立起一种联系，起到与实际操作相似的运动效果；采用这种方法作为实际乒乓球练习活动的辅助，不仅能够节省能量消耗，还可促进大学生对乒乓球运动感知觉的发展，并不断完善相应技术动作。

所谓练习法就是在实际的乒乓球技能学习、运动训练或竞赛活动中进行某种实际动作的运动感知能力培养。要提高大学生乒乓球练习效果，还应从思想上充分认识培养这三类运动智力因素的一些条件，这些条件主要有：①必须让大学生明确乒乓球练习的目的；②激发大学生的练习兴趣；③必须耐心专心；④突出具体乒乓球技术动作的实际需要；⑤持之以恒，坚持长期系统练习；⑥不断储备乒乓球专业知识和经验，并善于利用练习时机。这些条件实质上也是对大学生提出的要求，如果重视满足这些条件，将更能有效开发和培养大学生的这三种感知类运动智力因素。

另外，在注重大学生感知类运动智力因素开发条件之外，还要认识到培养大学生感知类运动智力因素的一些影响因素：①大学生的性格。从理论上讲，内向型性格的大学生似乎更有利于感知类运动智力因素的发展和培养，因为他们有较强的独立性，他们能较多地利用自身内在参照作为对所获得的各种信息的加工依据，善于分析；他们一般也有较为清晰的运动表象，对外来反馈依赖较低，以及有较强的适应能力，不易受外来负面的影响。②大学生的乒乓球运动能力。正如运动技术应随着大学生体能和心理发展水平的发展而不断改进一样，感知类运动智力因素也会随大学生乒乓球运动技术的不断完善和发展而不断调整与变化，目标就是应当朝着大学生乒乓球运动技术的科学化和个性化发展。③大学生的神经类型。气质是大学生典型的、稳定的心理特点，这种典型稳定的心理特点早在儿童时期的各种活动中就已经表露出来。巴甫洛夫认为，高级神经活动类型是气质的自然基础，甚至把神经活动类型和气质看成一回事儿。因此，应注意大学生神经气质类型对其乒乓球专项感知类运动智力因素发展的影响。

三、运动情绪记忆的培养方法

在具体的乒乓球技能学习、运动训练或竞赛实践中，大学生总是伴随着大量的、性质不同的运动情绪与体验，可以说，没有运动的情绪，也没有情绪的运动，两者不可分割。运动情绪记忆的基本培养方法主要有三种：

（1）实际操作法

大学生如果认为在某乒乓球具体活动中获得的某种运动情绪对自己有用，一旦伴随乒乓球练习或竞赛活动成为技能、技巧之后，它就会长期保持在大学生的记忆之中，甚至终生不忘，一旦遇到类似情境还会复现。为了增强大学生对良好运动情绪记忆的效果，激励后续发展，进行实际操作的练习十分必要。要使这种练习获得成功，还必须注意以下几点：明确练习的目的、改进练习的方法、分配练习的时间、集中注意、及时了解练习的结果等。

（2）理解法

这里所说的理解法就是要大学生懂得所记忆的某种运动情绪的意义。怎样才能达到理解呢？这主要应联系某种运动情绪对具体乒乓球基本技能学习、运动训练竞赛活动的正或负方面的影响，通过思维来实现。因为思维是理解的手段，理解是思维的目的，思维的过程就是大学生理解、认识的过程。如果大学生理解即认识到某种性质与强度的情绪对于某种运动的意义，那么将更有利于对这项运动情绪的记忆和操控。

（3）想象法

对于有用的诸多运动情绪体验，如果要想长期地保持在大学生的头脑中，以期在以后的实际操作中发挥应有的效能，光靠理解和实际操作还不够，还必须发挥大学生的想象力经常进行“复习”。正如2 500年前的孔子所说：“学而时习之”，“温故而知新”。关于这一点，由于种种原因，教师和学生往往做的并不到位。

四、表象类运动智力因素的培养方法

这里所指的表象类运动智力因素包括运动视觉表象和动觉表象。根据运动实践可知，在实际的运动操作练习时，都需要一定的表象来唤起和调节自己的行为方式。从理论分析的角度看，培养大学生运动视觉表象和动觉表象的基本方法主要有形象法、联想法和练习法。这里的形象法主要是指利用形象形式而进行的一种动作描述；联想法就是两种表象的联结；练习法则是注重这两种表象形式的检验与运用。

任何事物的学习过程都有一个感知的过程，大学生的乒乓球技能学习与训练也不例外，都必须首先调动大学生的视觉、听觉等器官接收运动信息和指示，以此来达到形成正确的视觉表象的目的。而其中，最关键的还是教师或教练员的示范动作质量与水平。为了让大学生形成正确的视觉表象，就示范动作来讲，应达到以下几点要求：①示范动作一定要正确。俗话说：“上梁不正下梁歪”。②突出重点示范。如果示范动作不突出，往往会导致大学生按照旧有的运动经验为依据的形象认识来练习，从而进一步巩固错误动作，影响练习效果。③整体示范与分解示范相结合。进行整体示范的目的应是帮助大学生形成一个完整的技术动作形象；而分解示范的目的则是体现教师或教练员注重和突出技术动作细节的考虑，只有做到两者的有机结合才能使大学生建立起清晰而又准确的运动视觉表象。④示范时还要富有表情。教师或教练员富有表情的示范动作，能帮助大学生更好地理解和控制动作，促进其运动视觉表象的明晰化。当然，这里的表情，不仅指教师或教练员的面部表情，还应包括身段表情即身体姿态。如示范“拉球”时，可以表现出是轻松的，还可以表现出是吃力的，可以是聚精会神的，也可以是果断的、情绪高涨的等等，也就是说，如果教师或教练员把运动表情与示范动作的性质结合在一起，效果会更好。

乒乓球技能学习与训练是强化大学生运动动觉表象的主要手段。为了让大学生建立和强化正确的运动动觉表象，就教师或教练员来讲，所采用的动觉练习手段应当注意满足以下几点要求：①要求大学生降低练习的速度。②提示相应的肌肉运动感觉。给大学生提示相应的正确肌肉感觉，相对于向大学生做正确的示范动作来讲是更难的，这种与大学生之间所进行的肌肉感觉交流能力是检验一个教师或教练员指导水平的重要体现之一。③分别完成个别动作。在乒乓球技能学习与训练过程中，大学生通常对个别肌肉群的活动是不易分辨的。如果采用分别完成个别动作的方式就能更快地帮助大学生找到个别关键肌肉群的特殊感觉，促进运动动作表象的明晰化。④善于采用不同速度或方向等手段进行动觉比较。

五、思维类运动智力因素的培养方法

在大学生乒乓球技能学习、运动训练或竞赛过程中，主要涉及的思维类运动智力因素比较多，在此主要系统阐述：运动直觉思维、运动动作思维和运动形象思维的开发或培养方法。

（一）运动直觉思维的培养方法

根据教学训练经验，在乒乓球技能学习、运动训练或竞赛活动中，开发和培养大学生运动直觉思维可采用反省法和实际练习法。反省法就是在借鉴别人特定场合下的运动表现，结合自己的可能的想与做，而进行富有针对性的比较，从而达到提高自己思想认识水平和促进自己乒乓球技能发展的认识过程；实际练习法就是在实际练习过程中有意识地大胆尝试和检验自己的直觉思维水平的一种练习法，相对于其他运动项目特点，乒乓球运动具有速度快、技术变化多等特点应该更有优势培养大学生的运动直觉思维。在培养措施方面，还应注意两点：一是，应根据具体情况，对大学生在乒乓球技能学习、训练或竞赛活动中所表现出的思想活跃、机智敏锐等直觉表现应积极评价，及时鼓励，切不可怠慢它们。二是，应认识到大学生的任何直觉思维表现都是他们在不断积累实践经验和乒乓球专业知识的基础上，形成和发展起来的一种认识能力，是大学生持久探索和思考的结果，它并不神秘。因此，应高度重视大学生乒乓球专业知识的学习和应用，统一于专项运动技能的刻苦磨炼之中。简言之，掌握乒乓球专业理论知识，发展运动想象力，并坚持不懈地积极实践，目标集中于努力提高自己的技战术水平是发展大学生运动直觉思维的必要条件和必由之路。

(二) 运动动作思维和形象思维的培养方法

运动动作思维和形象思维两项运动智力因素的发展水平对大学生乒乓球运动能力的发展至关重要。对初学乒乓球的大学生来讲，开发他们的这两类思维性运动智力因素，可采取以下措施：①注意丰富大学生的表象与语言。大学生在乒乓球技能学习、运动训练与竞赛过程中的思维，实质上就是对各种运动信息进行加工的过程。而运动信息归根结底就是表象与语言，尤其是表象。如果大学生的表象与语言不断得到丰富，那么，必将为其运动思维的发展提供必要的原料。②掌握思维的方法。思维主要有十大方法即抽象与概括、归纳与演绎、分析与综合、比较与归类、系统化与具体化等。大学生乒乓球运动过程中的思维，就是运用这十种基本思维方法来认识乒乓球运动的过程。③人为创设运动过程中的具体问题情境。这十种思维形式的功能就是帮助大学生解决乒乓球运动过程遇到的困难与矛盾，有经验的教师或教练员很会有意识地创设必要的问题情境让大学生自己去体验和解决。④将运动动作思维和形象思维的要求贯穿实际的乒乓球技能学习、运动训练与竞赛全过程。实践出真知，实践生智慧。

第五节　10项具体运动非智力因素的培养

通过与部分教师和大学生的交流了解到，他们对“非智力因素”这一概念还比较陌生，对于非智力因素理论还缺乏全面而深入的认识，对大学生运动非智力因素的培养还存在一定的盲目性，因此，在此专门系统阐述运动员非智力因素的培养方法与具体措施。

一、运动非智力因素的培养方法

根据理论研究和实践经验，培养大学生的运动非智力因素可主要采取以下方法：

（1）说服法

在培养大学生的运动非智力因素过程中，教师或教练员等管理人员的说服教育工作是基础环节。无论进行哪一种非智力因素的培养，首先应向大学生说明该种运动非智力因素对具体的乒乓球技能学习、运动训练与竞赛活动的作用与影响。如在培养某项乒乓球技能的学习动机时，就应首先让大学生明确学习的目的与意义等。利用说服法培养大学生运动非智力因素的形式可以是多样的，一般来说，有教师或教练员等的讲解，优秀体育骨干的心得体会、讨论会或带有明确指向的宣传标语。至于采取哪种形式，宣讲哪种内容，要视所培养或开发的运动非智力因素的性质、大学生的特点和教学集体的条件等具体情况而定。

（2）实践锻炼法

确定实践锻炼法为培养大学生良好运动非智力因素的重要方法就是强调运动非智力因素的培养应贯穿于具体的乒乓球技能教学、运动训练或竞赛之中，不仅仅局限在发挥言语规劝的功效上。在具体的乒乓球技能学习、运动训练与竞赛活动中，培养大学生的运动非智力因素，不论在形式方面，还是内容方面，都要注意时效性、多样性和教育性，尤其要注意适合大学生的心理发展水平。采用的具体运动实践活动，一般要达到以下几项目的：一是，要通过具体的练习与竞赛活动使大学生认识到完成或进行该活动的意义和重要性；二是，要让大学生认识到该种非智力因素对于顺利完成具体技能学习、运动训练与竞赛任务的必要性；三是，要通过具体的乒乓球练习与竞赛活动帮助大学生培养积极的乒乓球练习与竞赛态度，遵循相应的乒乓球练习与竞赛规律，逐步养成良好的练习与竞赛习惯。

（3）自我教育法

大学生的心智正趋向成熟，要相信大学生的自我管理能力，在乒乓球技能学习、运动训练和竞赛中，要逐步锻炼大学生学会自我教育。教师或教练员可以通过各种途径教会大学生进行自我教育。自我教育可有以下几种形式：一是，自我反省。一个大学生要经常地反省自己在各种乒乓球技能学习、运动训练与竞赛活动中的言行和思想。孔子曾讲："见贤思齐；见不贤，而内自省也"。二是，自我认识和自我评价。在具体的乒乓球练习与竞赛活动中，一个大学生应该学会全面地、客观地认识自己和评价自己，既不要自我膨胀，也不要自我贬低，不仅要善于发现自己的长处，更要善于发现自己的不足，逐步培养自己用发展的眼光、按照运动规律看问题的意识和习惯，不能遇到一点困难或问题就丧失信心或悲观失望。三是，自我调节。在正确的自我认识与自我评价基础上，进一步发挥自己的长处，因为这是一个大学生应具备的基本处事态度；努力弥补自己的不足和改正自己的缺陷更显重要，因为这是一个大学生进步的起点。在自我教育过程中，需要大学生培养以苦为乐、努力进取的世界观，保持积极、向上的心境。在乒乓球技能学习、运动训练或竞赛过程中，初学乒乓球的大学生遇到一些困难和挫折是必然的，要启发他们正视问题、考虑问题、解决问题，持之以恒。另外，学习环境对大学生重要运动非智力因素的形成和发展也是有很大影响的。根据泡菜理论，营造各种促进大学生乒乓球技能水平提高的各种学习、训练或竞赛氛围十分必要。

（4）心理辅导法

对大学生进行运动非智力因素方面的心理辅导教育应包括：随着大学生的不断成长，对大学生进行长期的，与他们的阶段特点相适应的心理学基础知识教育，如心理健康知识、逐步掌握一定的心理学规律和心理调节方法等；进行现代体育运动的基本特点和发展趋势教育；对有心理障碍的大学生进行专项心理辅导与帮助；加强大学生“公平竞争”等体育道德教育，向大学生介绍建立良好人际关系的重要性、方法和技巧等。

二、10 项具体运动非智力因素的培养措施

在了解大学生在技能学习、运动训练和竞赛活动中重要运动非智力因素的培养方法基础上，要培养出成效，关键还要看能否采取切实可行的、符合大学生身心特点和具体运动非智力因素性质的具体手段及措施。根据系统的理论研究和教学经验，要培养对大学生乒乓技能学习、运动训练和竞赛活动有重要影响的 10 项具体运动非智力因素必须采取正确的具体措施。

（一）运动成就动机的培养措施

大学生练习乒乓球的成就动机不是与生俱来的，它是大学生在家庭、学校、班级和社会等多种因素影响下，通过长期的体育学习、运动训练、积极参加运动竞赛实践逐步形成和发展起来的。培养大学生的运动成就动机，可采取以下五方面的措施：

（1）充分利用皮格马利翁效应

皮格马利翁效应就是“期望效应”。大学生练习乒乓球随着学习的不断深入，会出现各种各样的成就动机。即使是乒乓技能学习，从不断超越自我的角度，可有不断追求动作“漂亮”程度的成就动机，也可有不断提高竞技能力积极参赛取得优异运动成绩的成就动机等。在追求如此种种运动成就动机的过程中，大学生必然会遇到无数次的来自各方面的困难与挑战，会对自己的自信心和意志力提出巨大挑战，这时教师、教练员和家长等人的诚恳而现实的期望会为大学生

提供巨大的精神支持。在对大学生提出期望方面，特别要注意两个问题：一是，教师或教练员的期望必须是诚恳的，不能让大学生感觉到半点的虚假；二是，对于运动天赋条件有限或运动成绩停滞不前的，要注意期望值大小的巧妙运用。

(2) 强化大学生的成就意识

在大学生乒乓球技能学习、运动训练或竞赛活动中，强化大学生的成就意识可包括两方面的内容：一是，教师或教练员可运用国内外竞技体育史上优秀运动员的感人故事，进行说理或组织讨论等形式，激励大学生刻苦训练，顽强拼搏，培养高层次的运动成就动机；二是，与大学生一起，设立明确、现实和有挑战性的乒乓练习与竞赛目标。通过实现一系列的分目标，逐步达成高层次的运动成就需要。实践证明，大学生成就需要水平过高、过低都不利于他们的乒乓球练习或竞赛活动效果。过高，力不从心，难以体验到成功的快感，而过低，则不符合乒乓球运动的本质与功能要求，会降低乒乓球运动的吸引力。因此，只有适度的成就需要水平才有利于培养和激发大学生的运动成就动机。具体来讲，考察大学生的成就需要水平，一般需要注意两个指标：一是，大学生的乒乓球练习与竞赛目标的大小；二是，实现乒乓球练习与竞赛目标的时间的长短。值得注意的是，在实践中，不仅要让大学生体验到进步与成功的喜悦，还必须安排一些失败和较大的具有挑战性的任务，使其发挥自己的毅力战胜面对的困难。总之，需要教师或教练员通过设置远景性目标和近景性目标的方法培养大学生的运动成就动机。

(3) 营造追求成功的氛围

乒乓球练习或竞赛环境对大学生的影响很大。营造追求成功的氛围包括两方面：一是，家长都希望自己的孩子有进取心，有成就动机，这样便应认识到为了培养大学生成就动机营造良好的家庭氛围的极大重要性。在一定程度上，家长要比老师或教练对培养大学生的成就意识与动机作用更大。能营造和谐、民主、健康上进的家庭氛围的家长一般都是用温暖、可靠和坚定的反应方式让大学生建立起安全型依恋，高度重视大学生的独立性、鼓励大学生追求成功，不纠缠孩子的各种失败。好的家长都是用自己的行为为大学生树立奋发进取的榜样，这是培养其运动成就动机的最好方式。二是，良好的乒乓球练习与竞赛氛围。据观察，好的教师和教练员们都比较重视利用张贴标语等积极形式评价大学生在乒乓球技能学习、运动训练与竞赛中表现出的努力进取和顽强拼搏的行为，大力强化他们追求更高成绩的意识和行为。高度赞赏大学生的乒乓球运动潜力，重视大学生为追求更大进步、更高运动成绩而愈挫愈勇，敢于竞争，敢于胜利的信念与行为，把这些思想与行为努力转化为他们人生观的一部分。

（4）比赛、评比和奖励相结合

在乒乓球技能学习、运动训练和竞赛活动中，比赛、评比和奖励都是激发、培养大学生运动成就动机的有效手段。从心理紧张的角度分析，评比的紧张度稍微弱一些，它对大学生的内驱力也相对小一些，但它发挥效用的时间较长些。教学比赛对大学生所产生的内驱力较大，但发挥效用的时间一般较短。在结果处理方面，比赛一般是进行量的指标分析；而评比则以质的指标分析为主。不论是竞赛，还是评比都必须对优胜者进行奖励。能引起大学生愉快运动情绪体验的内外部诱因条件都是不同形式的奖励手段，如教师或教练员的赞许、同学或队友的认可、好评，其中也包括物质奖励。所以，在日常的乒乓球练习与竞赛活动中，应注意发挥比赛和评比相结合的方法培养大学生的运动成就动机。为了保证比赛、评比的积极作用，教师和教练员还应注意以下几点：①可按照运动水平的高低分组进行比赛和评比，增加每个大学生获得成功体验的机会；②竞赛和评比的内容，不要仅仅局限在乒乓球专项方面，还可以从与大学生的练习态度，与训练竞赛活动相关的日常生活、学习等方面着手，给大学生创造更多的取得进步、成功的机会；③多鼓励大学生开展自我竞赛和评比，力求这次比上次好，使大学生深刻认识到自己的进步和所获得的成功。④发挥奖励的作用。虽然有的教师或教练讲，“重奖之下必有勇夫”，但是发挥奖励的作用也是有条件的。教师或教练员应向运动水平和运动成绩暂时落后，运动状态暂时处于困境的大学生讲明，奖励的意义在于肯定他们的进步与成绩，而不是对他们进行乒乓球练习或竞赛活动的报酬，否则容易扭曲大学生的运动成就动机；⑤从理论上讲，对同一个大学生在利用奖励方式提高其运动成就动机水平的同时，应逐渐淡化、撤销奖励，以培养他内部稳定的运动成就动机水平；⑥在乒乓球技能学习、运动训练和竞赛实践中，不应将惩罚和奖励完全对立起来，因为对于能力强的，性格外向的大学生来说，往往惩罚比奖励更有效。

(5) 引导大学生对胜败进行积极归因

在乒乓球技能学习、运动训练与竞赛情境中，大学生往往会问自己“我为什么会成功(或失败)”“我为什么会进步这样快(或这样慢)”等等诸如此类的问题。根据心理学，归因有积极与消极之分，分别起着正向或负向的作用，见表 10-1：

表 10-1　运动成就行为的积极归因模式与消极归因模式

归因模式	事件	归因	情绪	期望	行为倾向
积极的	成功	能力高 努力的结果	自豪 自尊	增加对成功的期望	愿意进行有成就的运动训练竞赛活动
	失败	缺乏努力	内疚	对成功的高期望	愿意进行有成就的运动训练竞赛活动
消极的	成功	运气好	无所谓	很少增加对成功的期望	缺乏进行有成就的运动训练竞赛愿望
	失败	能力低	惭愧 无能感 沮丧	降低对成功的期望	缺乏进行有成就的运动训练竞赛愿望

具体来讲，如果大学生将其成功归因于比较可控的、不稳定的因素(如努力因素)，就可体验到成功感和自我效能感，提高承担和完成下一步乒乓球练习目标和运动训练竞赛任务的自信心；若大学生将

失败归因于不可控的和稳定的因素(如能力因素),则会使他们降低或丧失训练竞赛的自信心。由于一个大学生的归因模式也是可以改变的,所以教师、教练员和家长等人应注意帮助大学生,在客观、诚恳的前提下,对乒乓球技能学习、运动训练或竞赛活动的成败多进行积极的归因是非常重要的。

(二) 运动兴趣的培养措施

兴趣是一个人最好的老师。大学生对自己选择的乒乓球技能学习、运动训练和竞赛活动有兴趣是确保发挥乒乓球运动的功能促进其身心健康成长的关键。并不是所有的选择乒乓球学习的大学生对乒乓球运动有发自内心的运动兴趣,并未表现出对乒乓球练习活动有强烈的浓厚兴趣,主要原因可能是乒乓球技能体系复杂、难以掌握,每个人都有"趋乐避苦"的天性所致。培养大学生对乒乓球的运动兴趣可采用以下几方面的措施:

(1) 注重家庭与乒乓球练习环境的潜移默化

大学生生活的环境包括家庭、学校和社会三大环境。这三大环境对乒乓球运动价值和功能的态度与作为对练习乒乓球的大学生的影响很大。就大学生的家庭来讲,大学生父母对乒乓球的态度就对大学生对乒乓球的运动兴趣有着直接影响。俗话说:"习武人家的孩子早识刀兵""书香世家的孩子早知文墨"。作为教师或教练员,可利用现在发达的现代通信传媒手段影响大学生对乒乓球运动的专业兴趣。

(2) 鼓励积极的探究行为

很多初学乒乓球的大学生对乒乓球的性质和功能并不了解,或知之不多。一个人的兴趣往往始自好奇心,进而想了解和探究,终于产生了兴趣。在乒乓球技能学习、运动训练和竞赛活动中,对于大学生的各种"为什么?",如果教师或教练员能认真地向他们解释原因和规律,让他们达到认识上的满意,配合他们实践中捕获的美好体验,将激起他们对乒乓球练习更多的"为什么"的探究,促使他们对乒乓球运动的兴趣不断浓厚起来。

（3）发挥智力因素的作用

根据教学经验，许多乒乓球练习活动中遇到的问题，只有大学生亲自认识它或积极参与其中，才能随着认识的深入，激发出浓厚的运动兴趣。如果大学生对有关技能学习、运动训练与竞赛的某种现象或规律产生了兴趣，教师或教练员除了鼓励以外，还应积极引导并创造条件，让他们在实际的练习或竞赛活动中大胆实践并总结，这是培养大学生运动兴趣的最好方法。

（4）发挥直接兴趣与间接兴趣的综合作用

实践证明，对任何事物的接触、认识过程不可能都引起我们的直接兴趣，这时就需要用间接兴趣来维持这个过程。由于乒乓球技能学习、运动训练与竞赛活动的特殊性，决定了应当格外重视大学生对乒乓球运动的间接兴趣的利用。注重大学生间接兴趣的培养就是要注意引导大学生充分认识乒乓球运动的意义和价值。通过认真学习领会乒乓球专业知识，不断增进自己的运动能力，获得不断的有益经验，强化自己掌握乒乓球技能为我所有的运动毅力和信心，这样大学生对乒乓球的间接兴趣就越来越强烈。

（5）利用兴趣的迁移

大量的事实表明，大学生的运动兴趣是可以迁移而来。据访谈，许多大学生当初喜欢的并不是乒乓球，而是网球或羽毛球等项目。他们对这些有许多共同特点的隔网对抗性项目的经验可以直接应用在乒乓球练习中，从而迅速提高乒乓球运动能力。反之亦然。另外，从思政的角度，我们要向大学生激励宣传我国优秀乒乓球运动员的高尚行为，从而增强他们对乒乓球的运动兴趣。需要特别强调的是，乒乓球教师或教练员的责任心、事业心，特别是教师或教练员的执教水平对大学生乒乓球运动兴趣的形成和发展起着重要作用。

（6）不断改进和完善教学、训练方法

在具体的乒乓球技能学习、运动训练和竞赛活动中，要有效调动大学生的运动兴趣需要遵循直观性、参与性、新颖性以符合大学生的心理特点等原则。在培养、调动大学生的运动兴趣方面，需要注意两点：一是，高度重视大学生乒乓球技能学习、运动训练时的准备活动的质量。大学生有时是谈不上对运动训练有兴趣的，但是通过恰当的准备活动，会把大学生的身心都积极调动起来之后，大学生才会产生进行艰苦训练的欲望和兴趣；二是，应高度重视对大学生良好表现与活动效果的及时鼓励和表扬。因为，大学生总是希望能及时地得到来自教师或教练的积极指导和评价。从心理学的角度看，对成功的体验应是大学生运动兴趣的最佳强化物，如果大学生在活动中失败了，只要教师或教练员能及时、准确地指出失败的原因，有时，同样也能激发大学生的运动兴趣。如果教师或教练员对大学生的期望不理解或漠然视之，就会大大损伤大学生的运动兴趣。

（三）运动热情的培养措施

培养大学生的运动热情可采取以下几条主要措施：

（1）使大学生“愿练”

愿练就是“我要练”，而不是“要我练”。我国古代先哲孔子，就学习问题早就讲过，“知之者不如好之者”，这对于大学生练习乒乓球同样具有深刻的启发与指导意义。让大学生知道日常各种乒乓球练习活动的重要性与必要性，因而决意训练，愿意训练。孔子所讲的“知之”，对大学生来讲，就是“知练”，为“愿练”奠定了心理基础。“愿练”就是以大学生对乒乓球的学习和训练动机为基础或手段的一种动机与乒乓球练习活动协调统一的练习准备状态。愿练还不是一种实际的练习活动，它只是为乒乓球技能学习和运动训练活动进行了必要的心理准备，包括“情知”两方面的积极性。这种准备状态越充分，就越能保证大学生乒乓球练习活动取得良好的效果。

激发大学生愿练也就是想练，具体来讲，应注意做到以下几点：一是，帮助大学生树立对乒乓球练习意义的正确认识，加强练习活动的目的性教育。由于日常的乒乓球练习与竞赛活动并不总是引人入胜的，在大多数情况下都是非常枯燥、身心需要忍受很大的痛苦的。平时注意对大学生进行扎实有效的练习目的性教育，就能使大学生自觉约束自己，积极克服各种困难，把艰苦的练习活动保持下去。二是，制定具体、合理、现实的练习目标。除了美好的练习志向，每个大学生还应有切合实际的具体练习目标。提出具体的、科学化的乒乓球练习目标，不仅是教师或教练员对大学生的练习要求，也是培养大学生的一种能力，是大学生“会练”的标志之一。三是，扫除大学生的种种心理障碍，培养大学生的运动自信心。技术规格低、运动成绩差的大学生的运动热情一般较低，其中一个很重要的原因就是他们缺乏克服困难的勇气和信心。有的大学生认为自己的天赋差，再努力也没有多大的用处，于是便不思进取，消极练习，技能水平和运动成绩自然难以提高。对于存在这种错误想法的大学生应通过一些具体的事例说服他们，纠正他们错误的认识，使其树立乒乓球练习的自信心。有的大学生好胜心非常强，看到自己的运动能力总是超不过别人，便情绪低落，逐渐丧失了运动热情。这就需要教师或教练员同大学生一起认真查找原因，首先帮助他们端正认识，树立正确的练习乒乓球目标，提高更加刻苦的训练，用实际的理想的进步与运动成绩激发他们的运动热情。

(2) 使大学生“乐练”

《吕氏春秋》的作者认为：“人之情不能乐其所不安，不能得其所不乐。”对于一个初学乒乓球的大学生来讲，如果把乒乓球技能学习和训练活动当成一个苦差事，虽然他也能取得些进步，但收效毕竟不会太大；反之，如果一个大学生能够从心理上把艰苦的乒乓球练习与竞赛活动当成一件乐事，自然能够真正沉浸在日常练习和竞赛活动的快乐之中，那他一定会获得好的训练效果。《淮南子》的作者也说：“同师而超群者，必其乐之者也。”在大学生乒乓球技能学习、运动训练和竞赛活动中，科学设置教学负荷，注重激发大学生的情感，“使其趋向鼓舞，中心喜悦”，使大学生做到以“内乐”参与各种练习与竞赛活动，才称得上真正的“乐练”。20 世纪 80 年代，在我国教育界逐渐形成起来的愉快教育或快乐教育，对于倡导大学生的“乐练”也有很大的启发意义。“乐练”是以快乐感为基础或手段的一种快乐与练习协调统一的乒乓球技能练习过程或练习方式。从理论分析的角度看，在大学生乒乓球技能学习、运动训练活动中，要使大学生乐练，主要应注意做好以下三点：①在具体的运动实践中，通过不断改进和完善练习方法，在最大程度上让大学生参与到练习活动的计划、组织等环节中来。发挥他们的聪明才智，高度重视教师或教练员与大学生的互动水平与质量，切实尊重大学生的主体地位，调动大学生乒乓球练习与竞赛的积极性；②根据大学生的不断成熟和发展，不断协调教师或教练员与大学生的关系。根据经验，大学生往往把对教师或教练员的情感迁移到具体的乒乓球练习和竞赛活动之中。因此，良好、和谐的师徒关系是大学生乐练的前提与基础；③大学生的运动热情的高低，还会受乒乓球练习与竞赛气氛的影响。现在人们越来越重视练习与竞赛气氛的营造和建设，因为它是一切练习与竞赛活动的心理背景。在一个积极向上、宽松和谐的运动集体（班级或运动队）中，大学生个人的运动训练热情很容易被充分激发和调动起来。④努力使艰苦的乒乓球练习与竞赛变成一种愉快的活动。要做到这一点，需要教师或教练员努力实践一些直观的、生动活泼的，为他们所喜欢的练习形式，而且还要求教师或教练员在整个乒乓球练习与竞赛过程中对大学生的点滴进步能够及时地进行点评。另外，教师或教练员应是大学生的“父母”，处处关心大学生的生活和思想等方面的成熟与进步。

（3）逐步培养大学生的“会练”

毫无疑问，大学生是乒乓球练习与竞赛活动的主体，教师或教练员是主导，从根本上来讲，教师或教练员是为大学生的健康、持续进步而指引方向和保驾护航的。从大学生的全程性学习过程来看，大学生的这一乒乓球技能发展过程可以看作是一个其主体地位逐步增强的过程。实践证明，每一个大学生都具有一定的自主性、独立性和自我学习能力。在具体的乒乓球练习与竞赛实践中，教师或教练员应主动遵循这一规律，根据大学生的身心发展阶段特点和乒乓球运动能力发展阶段特点，主动教授给大学生科学的乒乓球练习与竞赛方法，并培养科学的乒乓球练习习惯，促使他们把艰苦的乒乓球练习与竞赛活动转化为自觉的、自动行为。

(4) 培养运动员的竞争意识

虽然大学生的乒乓球练习与竞赛活动,为大学生提供了大量的成就情境和竞争情境,为激发大学生的运动热情提供了先天条件,但是我们也应注意,这样激发起的运动热情并不都是指向乒乓球技能学习和竞赛活动本身的,还有大学生渴望战胜对手的因素在内,因而难以持久。从这一角度看,教师或教练员还应从乒乓球练习与竞赛的目的和方法入手,把培养大学生的竞争意识、愿练、乐练和会练等问题有机结合在一起,这样才能从根本上调动大学生对乒乓球运动的持久运动热情。

(四) 运动情绪稳定性的培养措施

运动必然伴随情绪,情绪的性质又影响运动效果。在乒乓球技能学习、运动训练和竞赛活动中,培养大学生的情绪稳定性可采用以下几种主要措施:

(1) 首先发挥教师或教练员的作用

根据心理学家勒温所做过的关于专断型、民主型和放任自流型三种领导方式的经典研究可知,教师或教练员采用民主型的执教方式会使大学生心情愉快,精力集中,训练与竞赛热情高、展现独立性等良好表现。教师或教练员与大学生之间的关系能够直接影响大学生在乒乓球练习与竞赛活动中的情绪稳定性,进而影响运动的效果。另外,教师或教练员还要高度重视良好练习情境的创设,否则,大学生有时会因个性受到压抑等因素的影响而产生消极情绪,干扰正常的乒乓球练习。根据教学经验,应主要做好三方面的工作:①控制好运动负荷;②采用多种内容、方法和手段,促使大学生的运动情绪逐步深化,避免枯燥乏味,追求良好运动体验和表现;③杜绝急躁冒进和尽量避免运动损伤等劣性练习行为,让大学生感受到乒乓球技能的发展永无止境。

(2) 重视发挥家庭的作用

家庭是人生的摇篮。要保证大学生具有良好、稳定的情绪体验,家庭因素的作用不容忽视。在发挥家庭作用发展大学生情绪稳定性方面，作为父母应注意两点：①一般来讲，应建立温暖的家庭，保持良好的亲子关系。尽可能多给大学生以温情，现代大学生面对更多的困难与挑战，容易引起焦虑和对未来前途的迷茫，因此要多沟通，尤其是与他们共同分享学习、训练进步的喜悦和失利的痛楚，让他们在感情上得到这方面的满足。②运用恰当的家庭教育方式。父母仅有对大学生的爱还不够，还必须讲求教育方式。如父母的权威性压抑往往导致大学生产生“我不行—你行”的心理；父母的含混状态，又会造成大学生产生“我不行—你也不行”的心理。因此，对于大学生只有尊重他们，多用表扬、肯定和鼓励的正面教育，维护他们的自尊心，使他们获得健康、有益的情感体验，以保持良好而稳定的运动情绪状态。

(3) 强调并教会大学生进行自我调节

在乒乓球技能练习与竞赛活动中，要使大学生能够进行运动情绪的自我调节，除了重视他们的文化知识的学习，提高文化素养外，还需要向他们传授一些相关的运动心理学知识，让他们不仅知道情绪是如何发生的，它对人的影响、运动中的作用，以及控制与调节情绪的有效方法与具体措施。20 世纪 50 年代，美国临床心理学家(Albert Ellis)创立的理性情绪疗法(RET)。其主要目的就是除去非理性的、不合理信念，以正确的信念取代谬误的信念。这种方法的基本理论主要是 ABC 理论。ABC 理论认为，诱发事件只是引起情绪及行为反应的间接原因，人们对诱发事件所持的信念、看法和解释才是引起情绪的真正原因。在这里介绍 ABC 理论的主要目的就是在乒乓球技能学习、运动训练和竞赛活动中帮助大学生能够正确认识和对待所遇到的困难和问题，以理性的情绪代替非理性的情绪，这不仅是一个重要的心理学问题，更是一个解决实际问题的可行的有效做法。

(4) 通过调整大学生的需要来调节情绪

从情绪的定义可以看出，人的情绪与主观需要有着密切的关系。

在乒乓球技能学习、运动训练和竞赛活动中，对大学生进行情绪调节，必须从调整大学生的主观需要着手。根据马斯洛的5个层次需要说，从低级到高级，人的需要的排序是：“生理的需要、安全的需要、归属与爱的需要、尊重的需要和自我实现的需要。”对大学生来讲也不例外。从理论的角度分析，要通过调整大学生的需要来调节情绪，需要处理好以下几个方面的关系：①引导大学生正确处理低级需要与高级需要的关系。随着大学生自我意识的觉醒，他们开始注意自己的衣食住行是正常现象。但对于青少年大学生来讲，应该让他们认识到这一时期是身心发展的黄金时期，不容错过。应引导他们把主要精力用在刻苦学习文化知识，努力锻炼身体，积极发展自己的兴趣爱好与特长，提高生活质量，为未来实现自己的人生价值上，而不过分追求低层次的吃、穿等需要上；②发展符合要求的正当需要，改变不合理需要。在具体的乒乓球技能学习、运动训练与竞赛实践中，大学生会产生各种各样的需要，必然有些是正当的，有些是不合理的，对于这些需要，应分别加以调整和抑制。③发展大学生的高层次需要作为主导需要。另外，在日常的乒乓球技能学习、运动训练和竞赛活动中，还要培养大学生的体育道德和行为规范；营造团结友爱、公平竞争、奋发向上、敢于胜利的运动集体氛围；如果遇到不良情绪，要教育引导大学生用适当的方式对各种不良情绪进行宣泄等具体措施，也是非常实际的。

（五）运动荣誉感的培养措施

现代运动竞赛，总是对优胜者进行各种形式的表彰与奖励，获胜者随之便获得和产生不同程度的运动荣誉感。追求成功和获胜的荣耀是人的天性。运动荣誉感可成为大学生深刻而持久的乒乓球练习与竞赛的动力。培养大学生的运动荣誉感，可采取以下主要措施：

（1）提高大学生对运动荣誉感的正确认识

记住巴德斯所说的一句话：“当你做成功一件事，千万不要等待着享受荣誉，应该做那些需要的事。”一个大学生如果能正确理解和对待荣誉，便会形成真正的运动荣誉感。一般情况下，大学生会把运动荣誉的取得视作自己运动能力与价值的体现。

(2) 要给大学生提供和创造荣誉的机会

在给大学生提供和创造荣誉的机会的同时，还要让他们认识到任何荣誉都不会从天而降，任何运动荣誉都需要付出辛勤的汗水才能获得。乒乓球技能学习、运动训练和竞赛都是典型的运动成就情景，根据具体情况，设置诸多运动情景成就大学生的运动荣誉，不仅能满足大学生的个人心理需求，也会大大激发其他人见贤思齐，努力进取的意识和良好运动氛围。

(3) 让每一位大学生都占有一定的地位和承担一定的任务

在乒乓球技能学习、运动训练和竞赛活动中，让每一位大学生都占有一定的地位和承担一定的任务，只有这样大学生才能感受到自己的价值。需要注意的是，有的大学生会形成不是荣誉感的优越感，而有的则会产生一定的集体依赖心理，妨碍运动荣誉感的真正形成。

(六) 运动毅力的培养措施

大学生的运动毅力的发展不是自然而然的过程，需要有意识、有目的地培养。趋乐避苦是人的天性。在培养大学生的运动毅力方面，应主要采用以下措施：

(1) 对大学生开展长期的理想教育，树立正确的世界观和人生观

大学生是国家未来的重要接班人，他们的身心质量和优秀思想政治素养是决定他们能否又红又专的关键。当今时代，由于信息媒介的高速发展，极大地冲击着大学生的“三观”。根据我们的国情和未来发展目标，党和国家正在努力加强青少年一代的政治思想教育。乒乓球技能教学、运动训练和竞赛活动就是一个很好的对大学生进行思想政治教育，倡导社会主义核心价值观的大有可为的体育教育舞台。因为当一个大学生对自己的行动目的有了正确的认识之后，才能主动地支配自己的行动，为达到自己的预期目的而自觉地去学习和奋斗。在现代信息化时代，大学生会面对各种诱惑和干扰，这种时代形势更要求对大学生加强世界观、人生观教育。其中，最主要的

就是教育、引导大学生向优秀乒乓球运动员学习，把个人的理想和国家、社会的需要紧密地联系起来，而不是单单为了个人的利益和荣耀。

(2) 典型引路，归因导向

处在艰苦、复杂的运动情境中的运动员往往具有心理波动大，易受暗示等特点。当遇到困难时，一方面容易表现出缺乏全面、周到的考虑，就仓促行事，容易受外界干扰和自己情绪的影响，缺乏足够的力量和有效的方法去排除或抑制这些干扰；另一方面，在遇到困难时，也会表现出无休止的动机冲突之中，优柔寡断，患得患失，这都是不良意志品质的表现。山东男子举重队的滕龙教练说，"榜样的力量是无穷的，在平时，我很重视队长和骨干队员的作用，根据他们的实际表现，其他队员就能在训练和比赛中学有榜样，赶有目标，并找出自己的差距及产生的原因……"。

(3) 刻意磨炼大学生的毅力

对大学生运动毅力的要求，应体现在多方面，如果断性、坚持性和自觉性等方面。在具体的乒乓球练习活动中，要刻意造成大学生机体的疲劳，要求、引导大学生主动承受一定的身体痛苦和心理上的枯燥感、无味感，通过向大学生施加科学的身体和心理的超负荷，才能不断推进他们的技能发展和心理素质的不断提升，最终实现发展他们的运动毅力。有些情况下，大学生的运动毅力可表现为在瞬息即变的乒乓球比赛中具备果断地捕捉战机的能力，这种对技术和战术的果断选择与应用也是大学生具有良好运动毅力的实际体现。

(4) 高度重视对大学生进行挫折教育

每个人都不能随随便便取得进步和成功。在对大学生乒乓球技能学习、运动训练和竞赛活动中进行挫折教育，主要应做好以下几方面的工作：①教师、教练员或家长都应当端正对大学生进行挫折教育的态度。体育运动的竞争本质决定了大学生必然要经受一定的挫折和磨炼。正如玫瑰固然娇艳，而荆棘也无法避免。②培养大学生的自我调节能力。在乒乓球技能学习、运动训练和竞赛实践中，大学生良好的意志品质往往表现为一种自我激励、自我调控的能力。目前，很大比例的大学生缺乏吃苦精神和良好意志品质的，通过乒乓球技能学习、运动训练和竞赛活动培养他们的抗挫折意识和能力十分必要。关键是在抗挫折过程中要实现大学生外部教育向自我教育的转化，外部控制向自我控制转化。③增强大学生的运动自信心，努力战胜自我。根据心理学，一个大学生运动自信心的强弱与其在技能学习、运动训练竞赛活动中所经历的成功与失败的次数直接相关。因此，在运动实践中，教师或教练员应经常提供成就情境，引导大学生尝试成功的体验，增强运动自信。

（七）运动自制性的培养措施

前苏联教育家马卡连柯说："人的意志不仅善于期待并获得某种东西，而且也善于迫使自己在必要时拒绝某种东西。没有制动器，就不可能有机器，没有抑制力，也就不可能有任何的意志。"大学生在乒乓球技能学习、运动训练和竞赛中总会遇到某种挫折或遭受失败，在这种情况下，有的大学生表现出愈挫愈勇，把压力变为动力；而有些大学生却变得悲观、消沉，甚至丧失继续练习的信心和斗志，可见，运动自制性对促进大学生乒乓球运动能力的提升也是十分重要的。根据乒乓球教学实践，大学生运动自制性的培养，可采取以下措施：

（1）让大学生首先明确运动自制性的意义和不是天生的本质，而是后天培养和自我培养的结果

大学生自制性的发展也必然经过"他制阶段—他制与自制结合阶段—内心自制阶段—自制习惯阶段"这样一个基本过程。自制性的这一发展过程，实质上也说明了自制性并非是先天的东西，需要有意培养。由于乒乓球运动的特点和大学生身心发展的阶段特点，培养运动自制性不是件容易的事情，需要在实践中教育和磨炼。

（2）培养大学生抵制各种诱惑的能力

在日常乒乓球技能学习、运动训练和竞赛活动中，常常有一些消极的不良因素诱惑大学生，如果大学生不能有效抵御并战胜各种诱

惑，就会形成不良的品行，影响自己正常健康的练习秩序。因此，从这种意义上讲，培养大学生抗拒诱惑的能力的过程，就是培养他们自制性的过程。

(3) 把培养大学生的自制性与自觉性结合起来

自制性与自觉性不同。这里所说的自觉性包含两层意思：一是，大学生能理解到和意识到在特定场合应当怎样行动；二是，借用马卡连柯的话说，就是“当一个人没有被人看见，没有被人听见，也没有人来检查的时候，他照样能按照自己所理解到和意识到的去行动。”因此，要在乒乓球技能学习、运动训练和竞赛活动中培养大学生的自制性，就不能只重视“禁止”，还要把提高大学生的自觉性，把两者有机结合起来。

(4) 培养纪律意识和良好的运动行为习惯

应该让大学生明确，所有的乒乓球练习与竞赛方面的规章制度，根本上都是为了保证大学生正常的练习与竞赛活动的顺利进行，而不是出于其他目的，遵守这些规章制度是大学生乒乓球运动能力发展的重要保障。在乒乓球训练或比赛过程中，除了应遵守运动竞赛规则外，也要努力检查、反省那些不利自己训练与竞赛效果的思想与行为，养成正确的、良好的思维习惯和行为习惯将具有更大的实际意义。大学生随时随地把自制性变成良好的技能学习、运动训练与竞赛习惯，不仅是可能的，对于未来投入社会、顺应社会也是十分重要的一项心理品质。

(八) 运动责任心的培养措施

运动责任心也是影响大学生乒乓球技能学习、运动训练与竞赛效果的一项重要心理因素，培养和发展大学生的运动责任心可采取以下措施：

(1) 提高大学生对所承担的乒乓球技能学习、运动训练与竞赛任务的意义与要求的认识水平

大学生的责任心是在对所负责任的认识基础上逐步形成起来的，并且也随着这种责任认识的发展变化而发展变化。

（2）让大学生充分了解运动行为的后果

只有让大学生明确地知道自己所采取的决断和行为将要产生的效果，根据是否必要，他们才会认真对待，并负责到底。

（3）激励大学生敢于承担责任

只有对自己在乒乓球技能学习、运动训练和竞赛活动中所采取的行为敢于承担责任，才说明有责任心。同样，大学生的责任心一旦形成，它又会促使自己在乒乓球技能学习、运动训练与竞赛活动中敢于对自己的行为负责。

（4）增强大学生的主体意识

让大学生逐步意识到他们在乒乓球技能学习、运动训练与竞赛活动中的主体地位，并能主动发挥自己的主体作用很重要。主体意识淡薄的大学生还是为数不少的，这些大学生不会积极主动承担，并出色完成乒乓球技能学习、运动训练与竞赛任务。

（5）完成乒乓球技能学习、运动训练与竞赛任务

只有让大学生在完成具体的乒乓球技能学习、运动训练或竞赛任务过程中才能向他们提出各种要求，检验运动效果，并采取表彰与惩罚等有效的强化措施。大学生的责任心是在完成具体的乒乓球技能、运动训练与竞赛任务过程中逐步培养起来的，应注意避免空头说教。

（6）把个人责任感与集体责任感结合起来

“各人自扫门前雪，莫管他人瓦上霜”的行为与作风，在大学生日常的乒乓球技能学习、运动训练或竞赛活动中也是比较常见的。这就要求应教育每个大学生，自己是集体中的一员，不应该只承担自己的责任与义务，还应该对集体的任务负责，因为没有集体，就没有个人的存在与成功。

（7）努力提高大学生的乒乓球运动能力

根据教学经验，没有能力或水平低下的大学生，很难谈得上运动责任心。

（九）运动自信心的培养措施

通过对教师和教练的访谈，大学生的运动自信心水平主要受其

乒乓球技能学习效果、运动训练和竞赛结果、他人对自己的评价以及自我评价等方面的影响。乒乓球技能学习、运动训练与竞赛的结果包括成功和失败两个方面。一般来说，成功的结果能增强大学生的自信心，而失败的结果则会削弱大学生的自信心，甚至丧失自信心。大学生的成功率与其自信心往往成正比；大学生的自信心水平也往往受教师、教练、同学或队友等人对自己的态度的影响；在这方面，包括他人对大学生的期望水平和信任程度有关。一般说来，如果他人对大学生的期望大，信任程度高，则会增强其自信心，反之，则会削弱大学生的自信心；大学生的自信心水平也往往受自我评价的影响。如果一个大学生对自己的运动能力和品行评价适当，就会增强自信心，否则，也可能会产生两种倾向：自命不凡，对自己作出过高的评价；自轻自贱，小看自己。随着大学生身心的不断成长，自我意识不断发展，自我评价能力逐步提高，他们的运动自信心也会变得更加稳定。综合乒乓球教师和教练等相关人员的看法，培养大学生的运动自信心可采取以下措施。

(1) 永远信任每一个大学生

事实证明，由于种种原因，每个大学生乒乓球运动能力的发展速度与水平以及所获得的运动成绩是不同的。现在落后，并不意味着永远落后。在具体的乒乓球技能学习、运动训练或竞赛活动中，不能让大学生过多地依赖教师或教练员，应注意让他们开动脑筋、主动实践，在不断总结经验中深刻认识自我。另外，教师或教练员还应从乒乓球练习目标的确定、练习计划的安排、训练与竞赛效果的分析等各方面，根据他们的实际能力，让他们尽量参与，充分发挥他们的主动性、积极性和创造性。

(2) 让大学生不断获得成功

在这方面，比较实际的做法就是帮助大学生确定现实合理、大学生能接受和认可的乒乓球练习与竞赛目标。在这个基础上，尽可能地为他们创造成功的机会和条件，让他们体验到成功的喜悦，应当说这是培养大学生运动自信心的一条根本途径与方法。在乒乓球技能学习和训练竞赛活动中,更要注意尽可能地给大学生提供显示自己运动才能的机会;鼓励每个大学生的点滴进步;帮助大学生消除乒乓球运动中的焦虑情绪,消除自卑。

(3) 提高大学生对运动自信心性质的认识

有自信并不一定代表能成功。具有自信心只是为自己的乒乓球练习和竞赛活动做好了心理上的准备,成功取决于多种因素,最重要的是对即将进行的乒乓球练习与竞赛活动,认真做好思想和行动上的准备。正如:“知彼知己,百战不殆”,自信心过高或过低,往往会使自己变得“自负”或自卑,对自己的各种乒乓球练习与竞赛任务的完成都不利。

总之,应让大学生的成功与运动自信心相互促进,在自信中成功,让成功促进进一步的自信,形成良性循环。

(十) 运动好胜心的培养措施

大学生的好胜心同自信心一样,都是以对自己在乒乓球练习或竞赛方面的品行与运动能力的正确估价为前提。也就是说,由于对自己的估价正确,就能在乒乓球技能学习、运动训练与竞赛活动中产生真正的好胜心,对具体的乒乓球技能学习、运动训练或竞赛活动产生好的效果;而如果对自己缺乏正确的估价,即过高或过低地估价自己的运动能力,盲目好胜,不仅易使自己吃苦头,而且还会扭曲自己的好胜心。值得注意的是,如果大学生建立在对自己的体育道德和乒乓球运动能力有正确地估价基础上的好胜心一旦形成,就会同运动自信心一样,成为大学生的体育品行与运动能力的重要组成部分。所以,有经验的教师或教练员往往通过观察大学生在困难和挑战面前,是否有自信心,是否有超越自我,超越他人的“更上一层楼”的倾向和精神面貌,来判断一个大学生运动好胜心的性质与发展水平。另外,大学生运动好胜心的发展变化,除了受大学生的主观条件的影响外,也依赖于客观环境因素的限制。一般来说,“顺境”有助于大学生运动好胜心的形成,而“逆境”则有碍于运动好胜心的发展。培养大学生的运动好胜心可采取以下措施。

(1) 关心尊重

关心、尊重大学生应当成为教练员的天性。教师、教练关心大学生并不是要抱着大学生"走",关心大学生应以尊重大学生为前提。尊重大学生就是在乒乓球技能学习、运动训练或竞赛实践中尊重他们的人格,相信他们的潜力和运动能力,而这种尊重,也必须与对他们的严格要求结合起来,他信与自信的有机结合更能促进大学生真正好胜心的发展。

(2) 给大学生适当的评价

在乒乓球技能学习、运动训练或竞赛实践中,对大学生的评价主要有两种:即教师或教练的评价和运动群体的评价。不论哪种评价都要符合实际,既不过高,也不过低,但是,必须指出,适当评价毕竟不是绝对的,对不同的大学生应采取不同的标准和评价方式,来自两方面的适度评价能正确引导大学生真正好胜心的顺利发展。

(3) 培养大学生的自我评价能力

大学生的好胜心是与自我评价能力的发展分不开的。大学生的自我评价能力往往遵从:从"他律"到"自律",即从模仿别人的评价发展到独立地进行评价;从"效果"到"动机",即从重视行为结果的评价到重视行为动机的评价;从"对人"到"对己",即从偏向于评价别人发展到评价自己;从"片面"到"全面",即从带有较大片面性的评价发展到比较全面的评价。随着大学生心智和"自知之明"水平的提高,其运动好胜心也就获得了进一步的发展与巩固。因此,为了发展大学生正确的好胜心应高度重视引导大学生自我评价能力的逐步培养。

(4) 通过集体培养大学生的运动好胜心

实践证明,一个良好的运动集体也必然是一个有好胜心的集体。在这样的集体中,大学生的运动好胜心也会自然而然地受到熏陶和提升。

(5) 制定科学合理的乒乓球练习与竞赛目标体系

大学生的运动好胜心必须指向一定的练习与竞赛目标,无论力图超越自己,还是超越他人都应如此。总的来说,应把大学生近期的运动目标与长期的运动目标紧密地结合起来，让它们构成一个明确的运动目标体系，即在实现了一个目标之后，又去追求另一个新的运动目标。

(6) 培养大学生乐观的运动情绪

大学生的好胜心与其乐观向上的情绪密不可分。只有当大学生保持朝气蓬勃、精力充沛，对未来充满无限的憧憬与欢乐时，才会有真正意义上的运动好胜心。

(7) 克服自满心理

实践证明，运动好胜心也往往与大学生对自己目前的运动能力等方面的不知足有关。如果取得一定成绩就自满，不求上进，则非常不利于大学生运动好胜心的健康发展。

思考题

1. 简述运动智力和运动非智力因素的关系。
2. 在乒乓球活动中，运动智力因素可表现为哪“5会”？
3. 在乒乓球训练中，运动非智力因素表现为哪“5练”？

第十一章

乒乓球教学与比赛的几个重要问题

第一节　对乒乓球运动打法类型的认识

一、乒乓球基本打法类型

乒乓球运动发展到现在，根据弧线、速度、旋转、力量、落点等因素与各项基本技术的组合特点，可有5大类型11种基本打法，见表11-1。

表11-1　乒乓球基本打法类型

类型	打法
快攻	近台左推右攻
	两面近台快攻
	两面攻结合推挡
快攻结合弧圈	快攻结合弧圈
弧圈	单面拉弧圈
	两面拉、冲弧圈
	弧圈结合快攻
削球	逼角反攻
	削转与不转球
削攻	削攻结合
	削攻结合推、倒拍

所谓打法就是以主要基本技术为主体，结合其他技术形成自身特点的乒乓球运动方式。不同的打法可因为具有相似的战术、比赛风格而形成一定的乒乓球运动类型。乒乓球运动的技术决定乒乓球运动的打法，乒乓球运动的打法决定乒乓球运动的类型，乒乓球运动的技术、打法与类型三者之间有着基础性、递进性的密切关系。

二、乒乓球基本类型的特点

(一) 快攻类打法的技术特点

近台快攻打法是我国的传统打法之一，至今已有 70 多年的历史。从 1959 年我国第一个世界冠军即容国团夺得第 25 届世乒赛男单冠军至 1971 年第 31 届世乒赛，中国的快攻打法世界领先。这种打法的主要特点是：

(1) 为了争取时间缩短球的运行距离，站位时离球台比较近(30—50 cm)；

(2) 为了缩短对手的准备时间，打对手一个措手不及，上升期击球；

(3) 强调前臂和手腕的快速发力，动作幅度小，重心稳定并回位快；

(4) 手脚协调、快速，步法移动快、灵活；

(5) 迫使对手陷入被动防御态势，重视主动采取突然袭击、连续突击进攻；

(6) 发现对手弱点快，战术变化快，进攻突然性强；

(7) 左推右攻快速打法是以近台正手攻球为主要手段，以反手推挡为助攻或防御的手段，近台两面攻快速打法是以正反手两面攻为主要得分手段。

(二) 快攻结合弧圈球类打法的技术特点

快攻结合弧圈类打法出现在第 26 届世界乒乓球锦标赛以后，为中国获得 18 个世界冠军的邓亚萍和获得 9 个世界冠军王涛等历史名将都是横拍快攻结合弧圈类打法的杰出代表。这种打法的主要特点是：

(1) 能近台打快攻时首选打快攻；

(2) 拉前冲弧圈球时既有速度又有旋转；

(3) 反手以快拨为主；

(4) 被动时退至中台，以弧圈球相持过渡，伺机反攻。

这类打法能近台快抽、快拨、抢冲，也能离台拉弧圈球相持、过渡，是能攻能防的比较先进的打法。

(三) 弧圈球结合快攻类打法的技术特点

日本选手为了对付中国的快攻打法和欧洲的削球打法，于20世纪的60年代出现研究和创造了弧圈球新技术，中国的孔令辉是这种打法的突出代表。孔令辉是横拍两面反胶弧圈球结合快攻打法，综合技术能力强，节奏好，控球能力强，稳中带凶，是继刘国梁之后夺得第二个“大满贯”的中国男选手。瑞典的瓦尔德内尔等外国选手也是这种打法。这种打法的主要特点是：

(1) 中近台站位；

(2) 正反手两面拉；

(3) 以正手拉为主，以弧圈球为主要得分手段，用前冲弧圈球代替扣杀。

与攻球相比，弧圈球进攻机会多，把握最高点击球命中率才会高。弧圈球能稳健地回击强烈下旋的出台球和比网低的球。这类打法由于正反手都能拉加转与前冲弧圈球，侧身的正手抢拉、抢冲的使用率比较高。

(四) 削球和削攻类打法的技术特点

削球打法是欧洲横拍的传统打法之一，它的形成和发展比快攻和其他打法都早。进入20世纪60年代以后，在亚洲直拍和弧圈球技术的冲击下，欧洲的这种打法受到严重考验。在这段时间，中国出现了一批各具特色的直拍与横拍削球选手，在第27、28届世乒赛上都取得了很好成绩。张燮林采用的就是直拍长胶削球打法。进入20世纪90年代，削球向削攻方向发展，丁松就是典型代表，他是正手贴反胶，反手贴正胶，削中带攻，攻击力很强，1995年在中国天津举行的第43届团体决赛中出任中国第三单打，为夺得斯韦思林杯立下战功。削球打法的主要技术特点是：

(1) 离球台比较远，较多情况下是打球的下降期；

(2) 主动运用加转和不转球与左、右、长、短的落点变化结合，化解对手的进攻，让对手被动或失误。

削攻打法的主要特点是：

(1) 以削球和攻球为主要技术；

(2) 正手、反手是运用转与不转的变化；

(3) 正手是拉弧圈球、攻球、抢位反攻，发球和搓球是运用“倒拍”；

(4) 向快慢节奏变化和凶狠方向发展。

削攻类打法在中台削球中反拉弧圈球，在一定程度上解决了攻、削脱节的难题，改变了在削球、搓球中只能抢攻下旋而不能抢攻上旋的情况。

第二节　乒乓球战术相关概念释义

一、战术释义

一支队伍参加比赛，要考虑排兵布阵问题，这属于战略性问题；比赛中为制胜，对阵双方均会采取各种手段与方法应对，这属于战术研究范畴。战术与技术又是两个具有逻辑关系的概念。技术是战术的基础，是前提，有新技术必然生发新战术；反过来，战术的实践运用也会推动技术的革新与进步。从实践角度讲，战术就是技术的有目的运用。为了健身，可不考虑战术；但要制胜就必须考虑战术问题。乒乓球运动是一对需要攻守对抗的矛盾，为了发展竞技能力，不是为了健身需要提升运动能力的话，就必须高度重视自己辩证统一思想的提升，把它渗透进乒乓球知识学习理解、技能掌握、战术运用等各方面。

二、战术构成

为了深入理解战术的制胜目的，有必要理解几个重要概念。

(1) 战术观念

战术观念就是为了制胜，对战术概念、战术体系、战术的培养原则等问题经过长期实践在思想认识层面上形成的自己的总体看法。在乒乓球比赛中，运动员的战术观念对制胜至关重要，即使是日常训练，也应把正确的战术意识和观念渗透进竞技能力发展的各个环节。影响运动员战术观念的因素很多，如知识结构与认识深度、比赛经验、自己的思维特点与性格等。战术观念属于主观的智力因素范畴，会随着自己对相关因素的认识不断产生变化。正确的战术观念的形成需要时间的磨炼。不论正确与否，战术观念一旦形成，就会影响运动员的一切心理活动，具体就是形成自己的立场、观点与行为。正确的战术观念是保证运动员取得好的训练竞赛成效的极端重要的心理素养。

(2) 战术指导思想

指导思想是行动的指南，战术的运用受战术指导思想的指挥。战术指导思想就是根据比赛具体情况确定的战术运用的行动原则。现代乒乓球运动的战术指导思想应该是运动员必须力争在比赛中通过战术的运用占据主动，在比赛中必须加快速度，加快旋转，加大击球力量，做到速度和旋转相互结合。比赛作风要更勇猛、更顽强、更自信和更智慧。

(3) 战术意识

不仅技术还有战术都要有“意在先”的要求。意识属于智力范畴，属于行为的执行操作系统中的智力成分，具有认识、判断、决策功能。通常所说的战术意识是指运动员在比赛中为达成战术目的而决定自己战术行为的一个运动智力活动过程，不仅仅是一个思维过程，还有运动想象、运动观察等运动智力因素在里面。乒乓球运动员的战术意识，所包括的内容主要有两方面：一是对自己所采取的战术行动有充分的认识；二是在复杂多变的激烈比赛过程中，能及时准确把握各种比赛情况的变化，迅速适应，随机应变，及时调整自己的战术行为。对于乒乓球比赛来讲，运动员的战术能力对比赛结局一般起着决定性作用。需要注意的是，战术意识强不一定战术能力就强，因为决定战术能力的不仅仅是战术意识，还有完成战术行为的能力，归根结底还要受各种乒乓球技术能力的限制。战术意识的强弱不完全决定比赛的胜负。根据乒乓球比赛实践经验，要提升自己的战术意识，要注意从以下几点着手培养：一是，在打乒乓球比赛时要明白要达到什么目的就必须采取什么战术，自己战术意识的培养要从理解行为目的与具体战术行为的对应关系上着手。二是，多打比赛，努力积累经验，做到对比赛形势能准确判断，并及时能动地做出正确应对。三是，要长期进行有目的、有意识地学习乒乓球专项技战术以及比赛理论学习研究，加深对乒乓球相关知识、能力的理解。四是，把自己战术意识的锻炼贯穿在日常的体能、技战术训练与比赛之中，做到体能、运动智力和运动非智力因素有机结合，不搞单打一，顾此失彼，要完整和系统地提升综合竞技能力。五是，乒乓球比赛是块试金石，多打比赛，并要很好地总结比赛中的战术意识的实践情况，能及时调整训练计划与措施，改进自己的日常训练，做到以赛带练，坚持问题导向。实践证明，及时进行战术意识总结是提高自己战术意识水平的好办法。

(4) 战术知识

知识就是人们在认识世界和改造世界的过程中积累的经验的总和。战术知识就是在战术实践中积累的各种经验的总和。战术知识既可以是经验性知识，也可以是将经验理论化了的知识。乒乓球的经验性知识就是在长期的学习、训练，甚至比赛中逐步积累起来的运动经验，就运动员来讲，由于这个过程的不同他们所获得的方方面面的运动经验有多少和质量的差别，也就是说，经验性知识往往带有局限性和个体差异。而理论性知识则是经过思维加工了的抽象化了的运动经验，它往往反映的是一般性的，具有规律性的运动经验，具有普遍意义和价值。不论乒乓球的经验性知识，还是理论性知识都很重要，要以我为主，主动吸收学习。在乒乓球运动实践中，战术知识可有一般性的战术知识和专项性战术知识，要注意识别。为了制胜，不论运动员还是初学者，应努力积累经验性的、理论性的战术知识，在实践中不断内化，为我所用。

(5) 战术行为

行为是外在的，容易识别，它是以内隐的心理因素的活动为基础的。就运动员来讲，战术行为是运动员所掌握的战术知识，通过运动智力和运动非智力因素两大系统的运作所外在表现出来的具体行为。通过战术行为我们可以探究运动员的运动心理和战术素养，修正他们的战术概念、战术指导思想、战术意识、战术任务等竞争制胜要素。

第三节　对乒乓球双打的认识

1988 年乒乓球正式成为奥运会比赛项目，当时共设 4 个项目：男女单打、男双、女双。由此可见，双打在乒乓球运动中具有重要地位。现在的乒乓球世界锦标赛共设 7 个单项，双打也占了 3 项，这三个双打项目是：男子双打、女子双打和男女混双。不论是为了健身，还是为了提高乒乓球运动的竞技能力，都需要了解乒乓球双打的以下几个重要问题：

一、乒乓球双打与单打的区别

(1) 双打的大部分击球是在不断地移动中进行的，双打的对攻战多在中远台进行。乒乓球双打练习对发展学生身体的协调性、灵敏性和脚步移动的速度有相对更好的锻炼价值。

(2) 乒乓球双打技术以单打技术为基础，但不是两名双打同伴单打技术的简单相加，“1+1”不一定“≥2”。

(3) 发球规则规定，双打必须从本方半台的右半台，将球发到对方的右半台，这就增加了发球的难度，对发球的质量提出了更高的要求。

(4) 乒乓球双打比赛的同伴可以共同分担比赛压力，双打比赛的心理状态比单打要稳定些，但是，在关键时刻，如到局点或者参加重要比赛为争夺好名次时，双打的紧张度和难度要比单打大。

(5) 双打比赛的比分往往会大起大落，在混合双打比赛当中，比分大起大落的现象更为普遍。总之，双打比赛的比分起伏比单打大。

(6) 乒乓球的双打要求具备较全面的技术能力，需要有更大的移动范围。

二、双打的配对

比赛时，为了得分取胜，双打要有先发制人、力争主动的指导思想，争取在前四板结束战斗。双打的配对要考虑：双打同伴的球拍握法、持拍手、类型打法等因素，具体来讲，要做好配对，要重点认识和把握以下几个重要问题：

(一) 双打配对的基本要求

双打配对的基本要求是：

(1) 双打同伴要有比赛目标、比赛动机、比赛具体情境的应对、彼此之间技战术配合等具有心理上的默契；双打同伴要相互信任、相互依靠。

(2) 双打同伴彼此了解各自的技战术特点，在各种能力上能相互助益和相互补充。

(3) 双打同伴在站位上不互相妨碍，为了积极进攻和防守，脚步移动和让位要做到想法默契，动作协调到位。

(二) 双打配对与站位

根据乒乓球运动实践，在此重点介绍几种不同打法类型下的双打配对与站位，见表 11-2。

表 11-2　不同打法类型的配对与站位

序号	打法类型	配对	站位
1	快攻型或弧圈型	一个左手与一个右手	保持在球台两侧；左手持拍偏右侧站位，右手持拍偏左侧站位；
2	两面攻和左推右攻	一个两面攻与一个左推右攻	左推右攻偏前，两面攻偏后
3	弧圈类和快攻类	一个快攻类与一个弧圈类	快攻靠前站位，弧圈类靠后站位
4	弧圈类和弧圈类	一个两面拉与一个单面拉；一个正手拉与一个反面拉；一个左手与一个右手	基本平行站位或稍前后站位
5	削球类	两个都是削球手	一个在前，一个在后
6	快攻类和削球类	一个攻球与一个削球	攻球在近台，削球在中远台，前后站位

对于初学乒乓球的大学生来讲，在配对时应以同类型配对为宜，因为同类型的配对的回球旋转比较单一、脚步移动和让位简单，容易被初学者接受和掌握。随着水平的提高和比赛的需要，应酌情应对，择优选配。

三、双打位置的移动

（一）双打位置移动的原则

双打比赛，制胜的关键在于是否能把对手调动使其陷入被动，因此，双打时对脚步的移动要求特别高，脚步的移动要做到非常灵活才行。双打比赛时，脚步的移动要注意以下三原则：①不能影响同伴的视线和对来球的判断；②不能妨碍同伴抢位击球；③脚步的移动要有利于自己下一次的还击来球。

(二) 双打脚步移动的方式

双打时,脚步的移动要根据对方来球的力量、速度、线路、旋转和落点等性质,以及本方双打打法类型的特点来决定。一般来讲,双打时,脚步的移动有三种形式:左右移动、前后移动、曲线移动。在乒乓球双打比赛中,固定不变的移动方法是没有的,应根据形势需要灵活运用。

四、双打的暗示

为了控制比赛和交流技战术打法等想法,在双打比赛时,本方同伴常设计运用一些暗示达成运动目的。这些暗示可以是暗语、手势或其他特定的规则允许的形式。

五、双打的配阵

发球一方,为了克服乒乓球规则对发球区域的限制,发挥本方发球的威力,接球一方则为了尽最大努力减小接球的不利,双打双方都重视配阵问题。根据乒乓球运动实践,双打配对时,要注意以下几个问题:一是,确定接发球后,要根据对手情况选择接发球次序。二是,如果对对手的情况特点不了解,可先选择发球权。如果第一局失利,第二局还可以调换接发球次序。三是,如果本方比较强,双方实力悬殊,使用先发球的配阵较好。四是,如果本方被确定为先发球时,选本方发球好的为第一发球员,争取开局的主动。在混双比赛中,最好让男同伴先发球。

六、不同类型打法的主要双打战术

由于对手打法类型纷繁复杂,本方双打合作同伴打法类型也区别不一,所以,在乒乓球双打对阵时,要综合考虑本方与对方的特点才能较好发挥本方水平。根据乒乓球运动实践,双打比赛应重点考虑的战术有以下几类,见表 11-3:

表 11-3　不同类型打法的双打的主要战术选择

序号	打法类型	主要战术
1	快攻类打法 VS 快弧类打法	(1) 发球抢攻 (2) 接发球抢攻 (3) 连续攻对方某一点后变线 (4) 从中路突破再变线 (5) 连续攻击追身球 (6) 近网短球控制突击变各条路线
2	弧圈类打法 VS 快攻类打法	(1) 发球抢攻 (2) 接发球抢攻 (3) 防守反攻
3	弧圈类打法 VS 弧圈类打法	(1) 发球抢攻 (2) 接发球抢攻 (3) 对拉中交叉攻击两大角 (4) 对拉中拉一点突然变线
4	快攻类、弧圈类打法 VS 削球	(1) 拉一点突击两大角 (2) 发球抢攻 (3) 接发球抢攻 (4) 拉远吊近 (5) 拉两大角突击中路 (6) 拉中路突击中路
5	削球 VS 快攻类、弧圈类打法	(1) 削一点伺机反攻另一角 (2) 削逼两大角突然送一角伺机反攻 (3) 削逼两大角伺机反攻 (4) 削转与不转球 (5) 发球抢攻 (6) 接发球抢攻
6	防守 VS 防守	(1) 拉、搓结合 (2) 发球抢攻 (3) 接发球抢攻 (4) 前后站位 (5) 防守反击

第四节　乒乓球教学与训练的常用方法

对于初学乒乓球的大学生来讲，要培养一定的乒乓球运动能力用来健身娱乐或发展一定的竞技制胜能力参加相应级别的乒乓球比赛，都要接受科学化的乒乓球教学和训练，完成应完成的教学或训练任务。为了达成乒乓球教学、训练目的，选择和采用符合实际和有效的运动方法至关重要。根据乒乓球教学训练实践，以下几种教学训练方法值得深入研究和实施。

一、直观教学法

乒乓球一系列技战术和技战术能力的形成都是要建立各种各样的能完成某种运动任务，具有某种应用价值的实操本领即运动技能或动力定型。这种运动技能的本质就是要建立各种稳固的条件反射即神经肌肉联系。这种神经肌肉联系的形成首先需要大学生对动作形象、动作结构、动作要领、动作方法以及器械与人的时间与空间关系等多因素有充分认识。这种认识的建立或概念的形成必须借助视觉、听觉、肌肉本体感知觉，由此，各种有效形式的直观教学是非常必要的，也是前提性的。根据乒乓球教学训练实践，常用的直观教学训练的方法与手段主要有以下几类：

（1）动作示范

学生要学会技战术首先必须建立对具体技战术的动作概念，也就是对动作形象、动作结构、要领和方法等有正确的认识。在乒乓球教学训练实践中，教师的动作示范是重要教学手段。动作示范有：完整示范与分解示范两种。从本质上来讲，两者并无区别，只是为了解决具体问题，关注点不同而已，是相对而言。也就是说，要高度重视完整教学，分解教学是补充。完整示范的目的是让学生从外在形象的角度建立完整动作的技术概念，除此之外，还应让学生建立完整的肌肉感知觉彼此之间逻辑关系的内在感知觉方面的概念。其实，后者是更重要的，因为这种正确的系统的、完整的肌肉感知觉概念的建立直接决定动作技能或动力定型的真正形成。在实践教学中，很多乒乓球教师在这方面认识还不够，还不能做到透过现象看本质，过多地对细节问题进行追究，自然降低了大学生练的成效。要运用好完整示范和分解示范需要不断积累经验。

（2）战术示范

战术示范不仅具有外在动作方法的示范作用，更重要的是具有战术意义的思想启迪。对于初学乒乓球的大学生来讲，当大学生基本掌握了正手近台推挡、攻球、搓球、发球、接球等基本技术后，才可以适时进行具有战术性质的乒乓球动作技能练习。其实，一切战术都是技术的有目的运用，这里所说的战术示范，实际上是要强调在乒乓球具体教学过程中要适时培养大学生的战术意识，这也是乒乓球教学训练的一个非常重要的任务。在乒乓球教学训练过程中，恰当应用各种形式的战术示范，可以很显著地提升学生的练习兴趣，激发他们的进取心等优秀运动心理品质。

（3）比赛示范

在乒乓球教学训练过程中，组织不同目的与要求的教学、训练比赛也是非常有价值的直观教学法，不仅可以检验教学训练成效，也可以让大学生了解裁判竞赛规则、确定适合自己的技战术特点或打法，也可以了解自己的优缺点与不足等。作为教师或教练员应充分认识到，善于利用比赛法是非常好的、有说服力地强化学生认识的好手段。

（4）条件诱导

借助教学训练条件的变化，利用所产生的助力或阻力效应，让大学生捕-捉应有的肌肉感知觉，达到启发动作思维方式与能力的目的也是非常有价值和必要的。这种条件诱导，可以是有形的，也可以是言语与要求等方面的，都是直观的教学训练方法，值得认真总结和探讨。

(5) 现代化教学手段

现代化教学手段层出不穷，都可以恰当利用以直观帮助大学生的乒乓球技战术能力的培养。电影、视频等现代化教学训练手段都是很好的辅助手段，利用好了都可以极大地帮助大学生形成正确的技战术概念，提升大学生对乒乓球运动的认识境界。需要注意的是，这些层出不穷的现代化教学训练辅助手段，对于形成外在形象化的动作概念是可以的，但是这种形象化的动作概念代替不了大学生的身体活动，只有通过身体活动才能建立运动技能赖以形成的肌肉感知觉逻辑概念。在此强调，这一点的目的就是强调在具体的乒乓球教学训练过程中，要通过总结经验切实做到"精讲多练"，否则"以学生为本""学生是教学训练的主体"等口号就是一句空话。

二、语言提示法

语言是表情达意的重要手段。在乒乓球教学训练过程中，通过言语把正确专业术语和理念传达给大学生，促进技战术能力和心理能力的发展对于完成教学训练任务不可或缺。根据乒乓球教学训练实践，可采用的语言提示法主要有：

(1) 讲解法

同其他运动项目的教学训练一样，运用语言进行讲解是最普遍的教学训练形式与手段。根据乒乓球教学训练经验，运用讲解法时，要做到以下几点：一是，目的明确、时机恰当。二是，内容正确、准确表达；三是，重点突出，层次清晰。要做到以上三点并不容易，需要了解大学生身心特点的变化、教学训练内容性质、教学训练进程的把握等诸多方面下功夫，多总结经验，不断提升理念与境界。

(2) 口令、指示、宣讲与评定

在乒乓球教学与训练活动中，为了提示、强调或发出命令等很多情况下需要口令或指示这样一种语言形式达成教育教学目的。对于大学生乒乓球课上的思政教育与三基掌握情况的及时反馈，都离不开口头的宣讲介绍与评定。

（3）自我暗示

大学生在乒乓球学习训练进程中，为了贯彻教师或教练的要求或做到自我的提醒，学会并熟练应用“默念”“心理暗示”等有效练习手段对于自己能力的不断发展非常重要。默念和心理暗示不仅具有提醒作用，还有强化作用。另外，需要注意的是，语言与肌肉活动的感知觉有一定联系，无声语言不仅能在大脑中表达动作过程，而且还能表达一定的动作形象。

（4）阅读书面材料

为了让大学生掌握乒乓球运动技能和掌握专业知识，通过现代高度发达的信息获取手段，让大学生学会欣赏和阅读相关书面与音像资料是十分必要的。

三、目标与任务导向法

由于乒乓球教学训练活动都追求双效，所以，采用在一定时间内的目标和任务完成为导向，更能激发大学生的练习积极性。这种目标与任务可以是针对双方的，也可以是针对单方面的。对于初学乒乓球的大学生来讲，所设计制定的目标或任务都应在一定合理区间，不能是经过努力仍完不成的目标或任务。设计这些目标或任务的目的重在调动积极性，激发进取心，当然也应有挖掘潜力和促进自我概念认知的考虑。

四、练习法

没有练习就没有运动技能的形成。在乒乓球的教学训练实践中，大部分时间都应该是大学生在进行练习，通过实际体验，反复试误最终掌握各项技战术的动作要领与方法。乒乓球练习，可分为徒手练习与击球练习；击球练习又可分为台上练习与台下练习；台上练习可分为单球练习与多球练习等。练习方式与方法很多，根据大学生特点和其他条件，要紧紧围绕教学训练任务的高效完成、良好运动智力因素与非智力因素的培养来进行，要务实，有针对性。

第五节　对乒乓球比赛有指导意义的军事学与谋略学因素

对抗制胜与军事、谋略密切相关，反过来，军事学与谋略学思想对一切竞争性对抗都具有指导意义。乒乓球运动的竞赛，目的之一是追求胜利，它需要谋略。谋略就是寻求制胜的方法策略。军事上强调："两强相遇勇者胜"，在乒乓球比赛中是适用的。在现代乒乓球比赛中，选手的水平接近，都很高，这种情况下是"两强相遇智者胜"，斗智在现代乒乓球比赛中尤为重要。在这里，"智"不是智力，而是运用智力的方法即"智慧"。乒乓球比赛的制胜需要针对具体变化及时采取技战术的变化进行应对，没有斗智意识或者斗智水平低，制胜已成不可能。如果参加乒乓球比赛，教练员和队员应该充分分析其他对手的情况，知彼知己，根据对手的情况排兵布阵、临场指挥、确定相应的战术手段等方面做出周密思考和安排，以争取主动和夺取胜利。现代乒乓球运动竞赛，双方实力相当，为了制胜和取得好的效果，必须制定具体的战略、战术，这种战略战术实际上就是一个战术谋略的思维过程。这个思维过程就是根据双方各种条件和可能性变化，发挥自己之长，克服对手之短，在相互制约中追求主动，实现最终胜利。在乒乓球比赛中，如果战术谋略正确，运用得当，达到了限制对手，充分发挥自己之长的情况下，以弱胜强的情况也是屡见不鲜的。重视乒乓球竞赛中谋略的运用是极其重要的，但是也不能忽视实力的重要性，很多情况下，只有在实力的基础上谋略才会发挥作用。团体赛是乒乓球比赛项目中最为重要的一项，它是衡量一个队技战术水平高低及整体竞技实力的主要方面。乒乓球团体赛出场人选和顺序的确定对发挥水平和制胜至关重要，需要根据对手的每个队员的各方面情况进行深入细致分析，这是决定团体赛胜负的重要因素之一。

根据乒乓球团体比赛的实践，从军事学和谋略学的角度，应重视和考虑以下几个因素：一是，出奇兵。根据乒乓球比赛经验，选派一些暂时还没有被对方所认识，但在技战术等方面有新突破的有实力的选手上阵，往往能收到意想不到的效果，从而打乱对方的谋略计划，在比赛中能占据主动。因此，在排兵布阵上，要选择特长突出、技术全面、针对性强的选手出战，让对方难以预料，从而赢得胜利。二是，使用新手。初次参赛的选手往往能打得对手猝不及防，取得好的效果。对于新手，着眼于长远要大胆使用，已经参赛就不再是秘密武器。新手毕竟参赛经验少，应变能力差，输球容易急躁，赢球易过度自信，需要教练员及时提醒，耐心引导。三是，知人善任。影响乒乓球比赛胜负的因素很多，认识、处理这些主客体因素的方法、手段是否合理得当，决定了队员的比赛水平发挥。教练员一定要把对比赛中各种因素的认识进行系统性的归类，并从经验的角度输入给队员，以提升他们的思想境界，这是非常重要的。另外，对于自己的队员，教练员在训练和比赛中所表现出的技战术、心理等方面的特点一定要了如指掌。只有做到对比赛需要和自己队员显示水平的全面了解，才可能做出明智的选择，尽量减少复杂的、不确定性因素的影响，以及一些意外的干扰。总之，就是知人善任。四是，恰当布阵。乒乓球团体比赛的出场队员与顺序是取得胜利的保障，是团体赛战略战术布局的首要任务。根据国际乒乓球规则规定，男女团体比赛采用五场三胜制，那么主客队的首发队员的确定就非常重要，值得注意。为了最大程度地限制对手，要充分了解对手各方面情况，尽量确定针对性强的“奇兵布阵”。

第六节　乒乓球教学与训练的几点经验

对于初学乒乓球的大学生的教学和运动训练来讲，乒乓球教学和运动训练已经是“课程思政＋专业教育教学”的新型教育理念。对乒乓球教师和教练员都提出了新要求，需要不断提升乒乓球教师和教练员自身的政治素养和乒乓球业务能力。为了乒乓球教学与运动训练取得双效，根据若干年的乒乓球教学实践经验，在此陈述以下几个要点是十分必要的。

（一）对乒乓球运动有全面深刻的认知

要上好乒乓球实践课，跟要做好课程思政一样要积累很多知识才行。从技战术能力发展的角度讲，必须系统地掌握乒乓球运动的教学、训练、竞赛组织、学习方法等专业知识，还要很好地学习理解运动心理学、运动解剖学、运动生理学、运动力学等相关知识。在实际教学过程中，能自然巧妙地渗透进具体教学、训练环节之中才行，决不能技术来，技术去，因为大学生的接受能力是很强的，教学难度和教育教学容量必须能满足大学生的学习需求，当然，也不能超出大学生的接受能力，应遵从前苏联著名心理学家维果茨基的“最近发展区理论”来设计教学过程。

（二）不断提升乒乓球教育教学设计能力

要上好乒乓球课，很重要的是根据大学生的基础条件和各种要求，能制定出科学合理的教学大纲，然后是根据学期的安排能制定出具体的课程教学计划即教案。在深刻认识乒乓球运动性质的基础上，乒乓球教师和教练员要很好地设计具体课程必须把握以下几项具体工作：学习、训练需要与任务分析、教学训练内容性质分析、教学训练对象情况分析、教学训练过程的组织分析、教学训练成效分析。

（三）正确认识乒乓球教学过程中的“学习”因素和“训练”因素的关系

在乒乓球教学过程中，还需要注意处理好“学习”因素与“训练”因素的关系。要做到这一点，很重要的事要明确，对于初学乒乓球的大学生来讲，应该把技战术学习放在首位，而不能过多地发展“一般性身体素质练习”和“专项素质练习”，这是年轻教师容易出现的错误。因为上课时间有限，乒乓球技战术学习内容繁杂任务重，应遵从精讲多练的原则，把技术练习和专项身体活动紧密结合起来。须知，乒乓球技战术的学习之中已经离不开具体与某种技战术相关的“身体活动”，学习之中已经有训练因素，为了提高教学的“双效”，应该高度重视“学习”因素，而不是教条地进行所谓的转向或一般素质训练，明确这一点很重要。老教师和年轻教师的教学效果有差异，很重要的就是在这方面有差距，年轻教师存在经验不足问题。更何况，乒乓球运动本身就是技能主导的，而不是体能主导的运动项目，另外，如果进行过多的体能训练，会影响大学生学习技战术的精力储备和神经敏锐性，从而降低学习成效。随着技战术能力的提高，专项身体素质也会提高，要再进步，为了把已经掌握的技战术能力再提高，仍然要在现有发展了的身体素质的基础上进行技战术改进即学习。总之，对于初学乒乓球的大学生来讲，要更加重视学习因素一些，要根据动力定型的形成规律进行学习指导。

（四）不断提升指导能力

关于指导能力，在此需要强调的是，在具体的教学过程中，不能动不动就给学生扣上动作错误的帽子。对于具体技战术应以“三到位：意识到位、动作到位、感觉到位”为指导原则，不能以自己认定的一些学习要求作为放之四海而皆准的所谓“标准”，不这样做就是错误动作。事实上，应高度重视学生学习阶段的差异、基础条件、身心特点等个性方面的不同，切实做到区别对待。技战术的好坏应以“经济性”和“实效性”为衡量标准。过多地强调“错误动作”会打击学生学习的积极性，让学生失去最宝贵的自信和学习兴趣，这是一种落后了的教育教学理念，年轻教师更应该在不断总结教学精要的基础上加强心理学素养的提升。

（五）不断提升动作示范能力

即使是很简单的动作技术，要讲清楚是很难得，尤其对于初学乒乓球的大学生来讲，一次规范的动作示范要胜过很多次讲解说明。对于如何示范，前面已经有了详细说明在此不赘述。

（六）不断提升沟通交流能力

不论是乒乓球教师，还是教练员要想取得教学训练“双效”，必须高度重视与大学生的沟通交流，掌握沟通交流技巧至关重要。在大学生的沟通交流过程中，应做到真诚、言行一致、实事求是、善解人意。知之为知之，不知为不知。能正确表达自己掌握的乒乓球知识和水平。要区别对待各类特点和水平的学生，真正关心爱护它们。动之以情，晓之以理。要善于运用沟通内容和情感的投入。在乒乓球日常的教学中还要善于应对各种师生之间、学生之间的各种冲突，对于学生的一些不良表现要有耐心，能不能简单粗暴，要具体问题具体分析处理。与以往相比，由于时代的变迁、大学生身心特点的变化，目前对体育教育教学进程的掌控变得更加复杂和艰难。

（七）不断提升课程思政能力

做好课程思政是乒乓球教学与运动训练的重要任务之一，是新时代各级各类教育教学的首要任务。根据乒乓球教育教学经验，要做好这项工作必须有“为啥思政、思政什么、怎么思政和思政多少”的指导思想。在第三章中，主要谈的是为啥思政、怎么思政和思政多少方面的问题，对于“思政什么”在此主要提出几点经验性认识：一是，在平时一定要加强政治学习，保持对政治时局的敏锐性，特别是要有学习贯彻中共“二十大”精神、习近平新时代中国特色社会主义思想等政治理论的高度思想自觉。在平时要注意及时搜集掌握最新的、典型的体育界或乒乓球界的可以用作乒乓球课程思政的素材。这些进行乒乓球课程思政是不可缺少的思政材料，需要进行长期的用心积累。有了这些积累，还要遵循乒乓球课程思政的规律和应注意的问题，紧密结合乒乓球教学内容的性质和大学生的身心特点，恰当地、巧妙地进行渗透才会取得理想的教育教学双效。决不能人为割裂思政教育与乒乓球具体专项教学内容的密切关系，做成“风马牛”“单打一”式的教育教学。

第十二章

乒乓球竞赛的组织和编排

第一节　乒乓球比赛规则的主要条款规则简介

一、比赛器材

（1）球台：长 2.74 m，宽 1.525 m，离地面高 76 cm。

（2）球网：包括球网、悬网绳、网柱和夹钳部分，球网高 15.25 cm。

（3）球：直径为 40 mm，重 2.7 克，颜色为白色或橙色，无光泽。

（4）球拍：大小、形状和重量不限，但底板应由 85%的天然木料制成。球拍两面无论是否有覆盖物，必须无光泽，且一面为鲜红色，另一面为黑色。自 2021 年 10 月 1 日起生效，球拍两面，无论是否有覆盖物，必须无光泽且一面为黑色，另一面为与黑色和球的颜色明显不同的鲜艳颜色：可以将粉色、紫色、绿色、蓝色四种颜色运用到乒乓球拍上。用来击球的拍面应用一层颗粒向外的普通颗粒胶覆盖，连同粘合剂，厚度不超过 2 mm；或用颗粒向内或向外的海绵胶覆盖，连同粘合剂，厚度不超过 4 mm。

二、基本定义

（一）回合

（1）“回合”：球处于比赛状态的一段时间。

（2）“球处于比赛状态”：从发球时球被有意向上抛起前静止在

不执拍手掌上的最后一瞬间开始，直到该回合被判得分或重发球时，球结束比赛状态。

(二) 其他

(1)“击球”：用握在手中的球拍或持拍手手腕以下的部位触及处于比赛状态的球。

(2)“阻挡”：当球处于比赛状态时，对方击球后，在比赛台面上方或向比赛台面方向运动的球，尚未触及本方台区，即触及本方运动员或其穿戴(带)的任何物品，即为阻挡。

(3)“重发球”：不予判分的回合。

(4)“一分”：判分的回合。

(5)“执拍手”：正握着球拍的手。

(6)“不执拍手”：未握着球拍的手。“不执拍手臂”：不执拍手的手臂。

(7)“越过或绕过球网装置”：球从球网和比赛台面之间通过以及从球网和网柱之间通过的情况除外，球均应视作已“越过或绕过”球网装置。

(8) 球台的“端线”：包括球台端线以及端线两端的无限延长线。

三、规则要点

(一) 合法发球

(1) 发球开始时，球自然地放置于不执拍手的手掌上，手掌张开，保持静止。

(2) 发球员须用手将球几乎垂直地向上抛起，不得使球旋转，并使球在离开不执拍手的手掌之后上升不少于 16 cm，球下降至被击出前不能碰到任何物体。

(3) 当球从抛起的最高点下降时，发球员方可击球，使球首先触及本方台区，然后越过或绕过球网装置，再触及接发球员的台区。在双打中，球应先后触及发球员和接发球员的右半区。

(4) 从发球开始，到球被击出，球要始终在台面的水平面以上和发球员的端线以外；而且从接发球方看，球不能被发球员或其双打同伴的身体或他（她）们所穿戴（带）的任何物品挡住。

（5）球一旦被抛起，发球员的不执拍手及其手臂应立即从球和球网之间的空间移开。球和球网之间的空间由球和球网及其向上的无限延伸来界定。

（6）运动员发球时，应让裁判员或副裁判员看清他是否按照合法发球的规定发球。

（7）如果没有副裁判员，裁判员对运动员发球合法性有怀疑，在一场比赛中第一次出现时将进行警告，不罚分。

（8）在同一场比赛中，如果发球员或其双打同伴发球动作的正确性再次受到怀疑，不论是否出于同样的原因，均判接发球方得1分。

（9）无论是否第一次或任何时候，只要发球员明显没有按照合法发球的规定发球，接发球方将被判得1分，无须警告。

（10）运动员因身体伤病而不能严格遵守合法发球的某些规定时，可由裁判员作出决定免予执行。

（二）合法还击

对方发球或还击后，本方运动员必须击球，使球直接越过或绕过球网装置，或触及球网装置后，再触及对方台区。

四、1分、1局、1场

（一）1分

除被判重发球的回合，下列情况运动员得1分：

（1）对方运动员未能合法发球。

（2）对方运动员未能合法还击。

（3）运动员在合法发球或合法还击后，对方运动员在击球前，球触及了除球网装置以外的任何东西。

（4）对方击球后，该球没有触及本方台区而越过本方台区或端线。

（5）对方击球后，球穿过球网，或从球网和网柱之间，球网和比赛台面之间通过。

(6) 对方阻挡。

(7) 对方连击。

(8) 对方用不符合规定的拍面击球。

(9) 对方运动员或他穿戴的任何东西使球台移动。

(10) 对方运动员或他穿戴的任何东西触及球网装置。

(11) 对方运动员不执拍手触及比赛台面。

(12) 双打时,对方运动员击球次序错误。

(13) 执行轮换发球法时,接发球方连续还击 13 板。将判接发球方得 1 分。

(二) 1 局比赛

在 1 局比赛中,先得 11 分的一方为胜方,10 平后,先多得 2 分的一方为胜方。

(三) 1 场比赛

(1) 1 场比赛应采用单数局,如 3 局 2 胜制、5 局 3 胜制、7 局 4 胜制等。

(2) 1 场比赛应连续进行,除非是经许可的间歇。

五、重发球

(一) 回合出现下列情况应判重发球

(1) 如果发球员发出的球,触及球网装置后,此后成为合法发球或被接发球员或其同伴阻挡。

(2) 如果接发球员或接发球方未准备好时,球已发出,而且接发球员或接发球方没有企图击球。

(3) 由于发生了运动员无法控制的干扰,致使运动员未能合法发球、合法还击或遵守规则。

(4) 裁判员或副裁判员暂停比赛。

(二) 裁判员或副裁判员可以在下列情况下暂停比赛

(1) 由于要纠正发球、接发球次序或方位错误。

(2) 由于要执行轮换发球法。

(3) 由于警告或处罚运动员。

(4) 由于比赛环境受到干扰,以致该回合结果有可能受到影响。

六、比赛次序

(一) 正确的比赛次序

(1) 在单打中,首先由发球员合法发球,再由接发球员合法还击,然后两者交替合法还击。

(2) 在获得每 2 分之后,接发球方即成为发球方,以此类推,直至该局比赛结束,或者直至双方比分都达到 10 分或实行轮换发球法,这时,发球和接发球次序仍然不变,但每人只轮发 1 分球。

(3) 双打中,首先由发球员合法发球,再由接发球员合法还击,然后由发球员的同伴合法还击,再由接发球员的同伴合法还击,此后,运动员按此次序轮流合法还击。

(4) 在双打的第一局比赛中,先由发球方确定第一发球员,再由先接发球方确定第一接发球员。

(5) 在双打以后的各局比赛中,第一发球员确定后,第一接发球员应是前一局发球给他的运动员。

(6) 在双打中,每次换发球时,前面的接发球员应成为发球员,前面发球员的同伴应成为接发球员。

(7) 在双打决胜局中,当一方先得 5 分时,接发球方应交换接发球次序。

(8) 一局中首先发球的一方,在该场下一局应首先接发球。

(9) 一局中,在某一方位比赛的一方,在该场下一局应换到另一方位。

(10) 在决胜局中,一方先得 5 分时,双方应交换方位。

(二) 错误次序的纠正

(1) 在单打中,裁判员一旦发现发球、接发球次序错误,应立即暂停比赛,按该场比赛开始时确立的次序,按场上比分由应该发球或接发球的运动员发球或接发球。

(2) 在双打中，裁判员一旦发现发球、接发球次序错误，应立即暂停比赛，按发现错误时那一局中首先有发球权的一方所确立的次序进行纠正，继续比赛。

(3) 裁判员一旦发现运动员应交换方位而未交换时，应立即暂停比赛，按该场比赛开始时确立的次序，按场上比分运动员应站的正确方位进行纠正，再继续比赛。

(4) 在任何情况下，发现错误之前的所有得分均有效。

七、比赛开始前的选择

选择发球、接发球和方位的权力应抽签来决定。中签者可选择先发球或先接发球，或选择先在某一方位。

(1) 如中签运动员优先选择了发球或接发球，另一方运动员应优先选择方位。

(2) 如中签运动员优先选择了某一方位，另一方应优先选择发球或接发球。

八、轮换发球法

(一) 时间控制

(1) 如果一局比赛进行到 10 min 仍未结束，双方比赛比分一局已经达到至少 18 分除外，或者在此之前任何时间应双方运动员要求，应实行轮换发球法。

(2) 当时限到且须实行轮换发球法时，球仍处于比赛状态，裁判员应立即暂停比赛。由被暂停回合时的发球员发球，继实行轮换发球法时，球未处于比赛状态，应由前一回合的接发球员发球，继续比赛。

(二) 板数控制

(1) 执行轮换发球法时，每名运动员都轮发 1 分球，直至该场比赛结束。

(2) 执行轮换发球法时,如果接发球方进行了 13 次合法还击,则判接发球方得 1 分。

(3) 轮换发球法一经实行,将一直使用到该场比赛结束。

九、申诉

(1) 在单项比赛中的双方运动员或在团体赛中的双方队长之间所达成的协议均不能改变该场比赛的裁判员就事实问题所作的决定。

(2) 对有关裁判员就事实问题所作的决定,或对裁判长就解释规则或规程的问题所作的决定,不得提出申诉。

(3) 在单项比赛中,只能由参赛的运动员就该场比赛中出现的问题提出申诉。在团体比赛中,则只能由参赛队的队长就比赛中出现的问题提出申诉。

(4) 正式申诉,应写出书面材料。

第二节　乒乓球运动规则的基本演进过程

从乒乓球规则演进的历史来看,总的趋势是“使乒乓球运动从提高和普及两个方面都有更大的发展”。

规则对乒乓球运动的影响主要从制约和促进两方面表现出来。制约,指为了使比赛能在公正的条件下正常进行,运动员的技术须符合竞赛规则的基本要求,才能在竞赛中加以运用,否则,将会受到处罚。

2000 年以来的四项重大规则变化:比赛用球由直径为 38 毫米、重量为 2.5 克的小球改为直径为 40 毫米、重量为 2.7 克的大球;每局比赛由 21 分制改为 11 分制;身前无遮挡发球;球拍两面,无论是否有覆盖物,必须无光泽且一面为黑色,另一面为与黑色和球的颜色明显不同的鲜艳颜色,这些规则变化无疑对乒乓球运动的发展产生了重大的影响。这些举措使乒乓球比赛在高速度、高旋转、强对抗的基础上增加了比赛回合，提高了观赏性，对更广泛地普及这项运动起到了积极的推动作用。

从竞赛规则的演进过程看，以下几方面成为人们关注的焦点：

一、技术改革

技术方面的改革主要以发球规则为代表。1983 年国际乒联第 37 届代表大会通过：运动员在发球时双手应在球台水平面以上。1987 年再次规定：抛球要近乎垂直地向上且离手后的高度不少于 16 cm。2002 年 9 月 1 日起开始实施无遮挡发球，此规则的改变大大降低了发球的威胁性。从发球开始到球被击出，球始终要在乒乓球台面以上和发球员的端线以外，而且不能被发球者及其双打搭档用身体或衣服进行遮挡。该规定被称为“无遮挡式发球”。

二、关于球拍合法化的争论

主线：使用新型球拍并取得优异成绩→未使用者（国）的强烈反对→结果：经激烈争论继续使用或禁用。

两次较大的争论主要是针对海绵拍和两面不同性能球拍的使用。日本运动员成功使用海绵拍对防守型打法的欧洲选手形成了巨大的冲击。当时国际乒联主席伊沃·蒙塔古充分肯定了海绵拍对乒乓球速度的作用，使这种有利于乒乓球发展的击球工具得以继续使用。1971 年在第 31 届世乒赛中，中国选手使用两面不同性能的球拍，显示了巨大的威力。欧洲乒坛各国要求国际乒联从规则上限制这种打法。中国乒协从大局考虑，同意对此球拍进行限制。

三、轮换发球法的产生

1937 年以前，选手以削为主的打法导致了“马拉松”式比赛的出现。观众对这种用时太长的比赛普遍厌倦。1961 年国际乒联采用轮换发球法，在时间上对每局比赛进行了限制，使比赛更加激烈，以有利于乒乓球运动的发展。

四、器材不断改革

2006年，国际乒联宣布全面禁止有机胶水，在德国不来梅世乒赛期间宣布2008年9月1日起，全面禁止使用含挥发性有机黏合剂。因有机胶水含有有毒的化学物质，在挥发过程中对运动员身体健康产生影响，因此改用无毒无害的水溶性胶水。2011年5月，由于赛璐珞材质的高热易燃的特性，为避免其安全隐患，国际乒联在伦敦奥运会后，决议全面禁用赛璐珞乒乓球，同时宣布于2014年7月起启用新塑料球。新塑料球除材质上与赛璐珞不同外，球体直径也将继续增加，乒乓球直径不能小于40 mm，即新塑料球的直径在40.0—40.6 mm。球拍两面，无论是否有覆盖物，必须无光泽且一面为黑色，另一面为与黑色和球的颜色明显不同的鲜艳颜色：可以将粉色、紫色、绿色、蓝色四种颜色运用到乒乓球拍上，此项球拍覆盖物的颜色改变自2021年10月1日起生效。也正是由于对器材的改革，促进了项目发展，保护了运动员身体健康，从而增加了比赛观赏性，顺应了乒乓球运动的发展趋势。

五、赛制改革

2001年大阪世锦赛期间通过了11分制提案，即从2001年9月起，乒乓球比赛执行11分制，每轮次2个发球。从之前已沿用近百年的21分制改为11分制，每轮5个发球降为2个发球，这势必会对乒乓球未来的发展造成巨大影响。在次年2月，国际乒联对奥运会乒乓球参赛项目进行调整，从2008年北京奥运会开始，由之前的男子单打、女子单打、男子双打、女子双打改为男子单打、男子团体、女子单打、女子团体四个小项目，双打比赛并入团体比赛的第三场。在2003年，对奥运会抽签制度进行改革，从2004年雅典奥运会开始，同一国家的双打选手必须分在相同半区。2008年2月，国际乒联通过了限制海外兵团议案，即从当年9月1日起，21岁以上更改国籍的运动员,不能参加世界杯和世锦赛,18—21 周岁的运动员参加世界杯和世锦赛需在相关协会注册满 5 年,15—18 岁运动员需注册满 3 年。已经代表其他国家参赛的运动员不受此限制。国际乒联在 2010 年提出,自 2012 年伦敦奥运会起,每个国家报名参加单打比赛名额从 3 人降至 2 人。2017 年提出增设混双比赛,从 2020 年东京奥运会开始实施。同年 9 月,国际乒联对世界排名计算规则采用新的规则,即 2018 年 1 月 1 日起,采用赛事级别和比赛名次作为积分计算依据,这代表新的积分方式废除了之前以比赛最终结果(获胜得分、失利扣分)为计算依据,鼓励运动员多参加赛事提高世界排名。

第三节　乒乓球比赛项目和基本比赛方法

一、比赛项目

乒乓球比赛一般包括团体比赛和单项比赛。团体赛有男子团体赛和女子团体赛;单项比赛有男子单打,女子单打,男子双打,女子双打和混合双打。

(一) 团体赛项目

(1) 五场三胜制(男子团体,新斯韦思林杯赛制,五场单打):一个队由 3 名运动员组成。抽签决定主、客队,主队为 A、B、C;客队为 X、Y、Z。比赛顺序是第一场:A—X;第二场:B—Y;第三场:C—Z;第四场:A—Y;第五场:B—X。

(2) 五场三胜制(女子团体,考比伦杯赛制,四场单打和一场双打):一个队由 2、3 或 4 名运动员组成。比赛顺序是第一场:A—X;第二场:B—Y;第三场:双打;第四场:A—Y;第五场:B—X。

(3) 五场三胜制(奥林匹克赛制,四场单打和一场双打)以东京奥运会乒乓球团体比赛为例:一个队由 3 名运动员组成,每名运动员最多参加两场单项比赛。比赛顺序是第一场:双打,B&C—Y&Z;第二场：A—X；第三场：C—Z；第四场：A—Y；第五场：B—X。

(二) 单打项目

男子单打、女子单打，男子双打，女子双打和混合双打，世界正式比赛采用七局四胜制，非正规比赛根据情形可采用五局三胜制或者三局两胜制。

二、乒乓球比赛基本方法

(一) 单循环赛

参加比赛的队（人）之间轮流比赛一次，即为单循环赛。这种比赛方法使各队之间接触机会增多，有利于互相学习，共同提高，所产生的比赛结果较合理。但它也有缺点，如比赛场次多，比赛时间长，所用场地数量多等。

由于参加队数较多，多采用分阶段分组单循环赛或分级分组单循环赛的方式。

(1) 单循环赛的场数

在单循环比赛时，每个队要与小组所有队比赛一次，所以每个队的比赛场数等于参加队数（设队数为 x）减 1，即 $x-1$，比赛总场数则应为：$x(x-1)/2$。例如，5 个队参加的单循环赛实际比赛场数为：$5\times(5-1)/2=10$。

(2) 单循环赛的轮数

在小组循环赛中各队出场比赛一次，称为“一轮”。每两个队之间比赛一次称为“一场”。计算轮数会出现两种情况：

① 如果一个小组的队数为双数时，每队都遇到一个不同的对手，所以“轮数＝队数－1”。

② 如果一个小组的队数为单数时，总有一个队要轮空（遇不上对手），因此，每个队在小组内不但要和每个对手比赛一次，而且还要轮空一次，“轮数＝队数”。

(3) 单循环比赛的轮转顺序

确定小组单循环的比赛顺序，要考虑比赛场次进度的一致性，避免连续作战，尽量使各队机会均等，并要注意每一轮强、弱队的搭配。另外还要使强队或水平相近的队在最后相遇，从而使比赛逐步进入高潮。

确定单循环比赛顺序的方法很多，目前经常采用的方法主要是“逆时针轮转法”。

① 6 个队参加比赛的排法如表 12-1 所示。

表 12-1　6 个队参加单循环比赛的轮转顺序

轮次	第一轮	第二轮	第三轮	第四轮	第五轮
轮转次序	1—6	1—5	1—4	1—3	1—2
	2—5	6—4	5—3	4—2	3—6
	3—4	2—3	6—2	5—6	4—5

这种轮转方法是：1 号位置固定不动，其他队每轮按逆时针方向转动一个位置，即可排出下一轮的比赛顺序。

② 5 个队参加比赛的排法如表 12-2 所示。

表 12-2　5 个队参加单循环比赛的轮转顺序

轮次	第一轮	第二轮	第三轮	第四轮	第五轮
轮转次序	1—0	1—5	1—4	1—3	1—2
	2—5	0—4	5—3	4—2	3—0
	3—4	2—3	0—2	5—0	4—5

当队数为单数时，用“0”补成双数。然后按逆时针轮转，排出各轮比赛顺序。其中遇到“0”者，即为该场轮空。

（4）单循环赛名次的确定

在分组循环赛中，小组里每一成员应与组内所有其他成员进行比赛。胜一场积 2 分，输一场积 1 分，比赛弃权未出场比赛或未完成比赛的场次积 0 分，小组名次应根据所获得的总分数决定。如果小组的两个或更多的队积分数相同，他们有关的名次应按他们相互之间比赛的成绩决定。首先计算他们之间获得的场次积分数，再根据需要计算比赛的局和分的胜负比率（胜/负），直至算出名次为止。5 个队单循环赛制名次计算如表 12-3 所示。

表 12-3　5 个队单循环赛制名次计算方法

队名	A	B	C	D	E	总积分	计算	名次
A		$\frac{3:0}{2}$	$\frac{3:1}{2}$	$\frac{3:2}{2}$	$\frac{3:0}{2}$	8		1
B	$\frac{0:3}{1}$		$\frac{3:1}{2}$	$\frac{2:3}{1}$	$\frac{3:2}{2}$	6	3　1.25	2
C	$\frac{1:3}{1}$	$\frac{1:3}{1}$		$\frac{3:2}{2}$	$\frac{3:1}{2}$	6	3　0.80	4
D	$\frac{2:3}{1}$	$\frac{3:2}{2}$	$\frac{2:3}{1}$		$\frac{3:0}{2}$	6	3　1	3
E	$\frac{0:3}{1}$	$\frac{2:3}{1}$	$\frac{1:3}{1}$	$\frac{0:3}{1}$		4		5

B、C、D 三个队之间的个人的总积分都为 6，B、C、D 三个队之间的场次积分都是 3 分，接着计算局的胜负比率：$B=(3+2)/(1+3)=1.25$，$C=(1+3)/(3+2)=0.8$，$E=(3+2)/(2+3)=1$，故 $B>D>C$，所以 B 的名次为第二名，D 的名次为第三名，C 的名次为第四名。

（二）单淘汰赛

运动员按编排的比赛秩序进行比赛，胜者进入下一轮比赛，负者淘汰，即为单淘汰赛。这种比赛方法便于在人数多、时间短、场地少的条件下组织比赛，同时也可使比赛逐步进入高潮。世界乒乓球锦标赛中，男子单打、女子单打、男子双打、女子双打、混合双打都采用单淘汰的比赛方法。

（1）单淘汰赛的号码位置数

单淘汰赛的冠亚军比赛，是在两个人之间进行的。这两个人是由 4 人比赛产生的，而 4 个人是由 8 个人产生的. 以此类推。所以，采用单淘汰赛的比赛办法时，应先根据参加比赛的人数选择最接近的、较大的2的乘方数作为号码位置数。常用的号码位置数是：

① 如果参加比赛的运动员人数不足号码位置数时，需要安排轮空，使参加第二轮比赛的运动员人数正好是2的乘方数。

② 如果参加比赛的人数稍大于2的某个乘方数时，需要安排轮空位置太多，这时可不安排轮空，而用“抢号”的方法解决，即以最接近的较大的2的乘方数作为号码位置数，其中一部分运动员进行“抢号”。“抢号”就是两名运动员或几名运动员使用一个号码位置先进行比赛。“轮空”或“抢号”的办法，本质上是一致的。

(2) 单淘汰赛的轮数

单淘汰赛的轮数为选用号码位置数的2的乘方数，2的几次方为几轮。当人数在2的乘方数之间时，为较大的乘方数。如：16个号码位置$=2^4$为4轮；32个号码位置$=2^5$为5轮；64个号码位置$=2^6$为6轮；128个号码位置$=2^7$为7轮，以此类推。

如果有66名运动员参加比赛，不管用轮空或抢号法，都要进行7轮比赛。因为$2^6<66<2^7$，根据当人数在2的乘方数之间时，为较大的乘方数这一原则，因此比赛轮数为7轮。

(3) 单淘汰赛的场数

在单淘汰赛中，每进行一场比赛即淘汰一名运动员，实际比赛场数应为参加比赛的“人数－1”，即“场数＝参加人数－1”。

例如，64人参加比赛，最后剩下一名冠军时，已淘汰63人(进行了63场比赛)，所以场数为64－1＝63(场)。

(4) 单淘汰赛的附加赛

单淘汰赛只能确定冠亚军。用附加赛的办法可进一步排出前8名或前6名的顺序。进入前8名的运动员，每一轮的胜者与胜者、负者与负者进行比赛，直到排出前6名或前8名的名次。

(三) 混合赛制

在一次竞赛的不同阶段，分别采用不同的比赛制度，称为混合赛制。混合赛制是在运动队(员)数较多、场地较小和时间安排较紧条件下进行比赛的较为行之有效的办法之一。

混合赛制在一定程度上能集淘汰赛制和循环赛制的基本优点和长处，既能保证在较短时间和较小场地的条件下完成预定的比赛任务，又能比较客观地反映大多数参赛运动队(员)的实际技术水平。

(1) 先分组循环赛，后进行淘汰赛

先分组循环，后进行淘汰的混合赛制组合方式目前在各类体育竞赛中被广泛运用。采用这种混合赛制时，应根据上一阶段比赛的名次优先和同组或同一协会在条件许可情况下合理分开的基本原则，重新抽签确定下一阶段比赛中的号码位置。

(2) 先进行淘汰赛，后进行循环赛

这种混合赛制适用于一些基层选拔(优选)赛，能使水平相对较高的运动员有较多的比赛机会，最后产生的名次也相对较为合理。

(3) 循环赛和其他赛制的组合

如先采用分组循环赛排出小组名次，再采用佩寄制决出最后名次。佩寄制源自 1931 年，首次应用于澳大利亚维多利亚州足球联赛的决赛阶段。这一独特的赛制是由该联赛专员珀西·佩奇(Percy Page)提出并命名的，因此得名佩寄制。在基本的佩寄制中，首先通过循环赛或瑞士制确定出四强队伍，排名分别为第一至第四。具体步骤是:1 号和 2 号队伍对决，3 号和 4 号队伍对决。败者中，3、4 名比赛的负者将获得第四名位置。1、2 名比赛的负者会与 3、4 名比赛的胜者进行一场附加赛，胜者将与 1、2 名比赛的胜者争夺决赛权。最终，决赛的胜者荣膺冠军，而负者则获得亚军荣誉。

第四节　乒乓球竞赛的工作程序和竞赛项目介绍

一、乒乓球竞赛的工作内容和程序

组织竞赛活动可根据规模大小，由相应的单位发起。规模小的比赛，一般由主办单位指定少数人负责组织；规模大的比赛需要成立筹备委员会。

正规的比赛通常会成立组织委员会,设正副主任,下设秘书处(负责会务、宣传、保卫、医务等方面的工作)、竞赛处(负责裁判、场地等竞赛方面的工作)及仲裁委员会(负责比赛期间执行竞赛规则、竞赛中发生的纠纷等)。一般基层比赛只设竞赛组和秘书组。竞赛组负责报名、编排秩序册、聘请裁判员、准备竞赛场地等工作;秘书组负责寻求广告赞助、宣传教育、组织观众、发通知文件等工作。

(一) 竞赛的组织程序

组织一次竞赛要经过以下程序:

(1) 制定竞赛规程

竞赛规程是竞赛的依据。一般由比赛主办单位根据组织比赛的目的、任务、时间和场地情况拟定。在比赛前,尽早地将规程发给参加单位,以便各单位有充分时间做准备工作。

(2) 接受报名

报名表是组织编排工作的重要依据。负责组织编排者应认真接收报名。

(3) 安排练习场地

运动员报到后,为了适应场地,需要进行练习。大会组织者要科学地、合理地安排练习场地。

(4) 抽签

根据参加比赛的队或运动员数量,按竞赛规程的规定,科学合理地决定比赛的分组和对手。

(5) 编排竞赛日程

按抽签结果安排场地、时间。

(6) 印发秩序册

编排比赛秩序后,要尽快印发秩序册,发给各代表队和有关部门,使大家能了解比赛秩序,及时准备与安排。

(7) 成绩登记

比赛进行中应认真检查比赛记录,并迅速公布比赛成绩,以保证比赛顺利进行。

(8) 比赛日程单和成绩公报

比赛日程单:及时公布某一天或某一场的比赛对手。

成绩公报:及时公布当日或当节的比赛成绩,使与会者互通情报。

(9) 印发成绩册

汇总成绩,应包括全部比赛成绩。

(10) 资料归档

将有关竞赛的所有文件存档,使它成为总结工作的依据,为以后组织竞赛做参考。

竞赛的组织编排中每项工作都是紧密相连,一环扣一环的。根据比赛规模的大小、人力配备等情况,可以抓住重点工作,以保证竞赛顺利进行。

(二) 制定竞赛规程内容

竞赛规程是主办单位和参加单位进行各项组织工作的依据。竞赛规程一般由比赛主办单位根据组织比赛的目的、任务、时间和场地情况拟定,在比赛前尽早地发给参加单位,以便各单位有充分时间做准备工作。随同竞赛规程应附报名表一式两份,要求逐项填写,字迹清晰,并在报名截止日期内交寄比赛主办单位。

竞赛规程包括以下内容:

(1) 竞赛名称。

(2) 目的和任务。

(3) 日期和地点。

(4) 竞赛项目。

(5) 参加单位及人数。

(6) 运动员资格。

(7) 报名及报到日期。

(8) 竞赛规则。

(9) 竞赛办法。

(10) 决定名次和计分办法。

(11) 奖励规定。

(12) 竞赛用球。

(13) 其他特殊规定。

二、乒乓球竞赛项目介绍

(一) 运动竞赛的分类

1. 按项目、数量

(1) 综合性运动会(如奥林匹克运动会,全国及省、市运动会)。

(2) 单项竞赛(如世界乒乓球锦标赛)。

2. 按目的、任务

(1) 锦标赛(奖杯、锦旗)。

(2) 冠军(杯)赛(一只杯)。

(3) 联赛(三个及以上同等级球队之间的比赛)。

(4) 邀请赛(做东相聚)。

(5) 选拔赛(选优为目的)。

(6) 大奖赛(以诱人的奖金为基础加以吸引)。

(7) 对抗赛(两人或两队)。

(8) 表演赛(娱乐性竞赛)。

(9) 友谊赛(比赛宗旨:友谊第一,比赛第二)。

(10) 巡回赛(分站比赛)。

(11) 挑战赛(向强者挑战)。

(12) 俱乐部赛(以俱乐部为参赛单位)。

(13) 达标赛(一定标准)。

(14) 擂台赛(挑战擂主)。

3. 按组织系统

(1) 区域性(世界、全国、省、市)。

(2) 系统性(行业)性(教育、卫生、石油、金融等)。

(3) 专业性(职业性比赛,以此为本职)。

(4) 业余性(非职业性比赛,爱好,全民健身)。

4. 按年龄分类

(1) 老年。

(2) 成年。

(3) 青少年。

(4) 少儿。

(5) 儿童。

5. 按竞赛方法

(1) 淘汰赛。

(2) 循环赛。

(3) 混合赛制。

思考题

1. 合法的发球规则有哪些要点?
2. 请叙述单循环赛轮数的计算以及单循环赛场数的计算方式。
3. 如何纠正比赛中的错误发球和接发球次序?
4. 请用逆时针轮转法排出6个队伍(人)的比赛秩序。
5. 申诉流程在乒乓球比赛中如何进行?

第十三章

乒乓球课程双语教学

（Bilingual Teaching of Table Tennis Skill Course）

第一节　乒乓球常用汉英专业词汇

（Commonly used Chinese-English vocabulary on table tennis）

一、发球(Service)

上旋：topspin

下旋：backspin

侧旋：sidespin

右侧旋：right sidespin

左侧旋：left sidespin

右侧上旋：right side topspin

右侧下旋：right side backspin

左侧上旋：left side topspin

左侧下旋：left side backspin

发球：service

发球员：server

重发球：let

发不转球：serve without spin

发上旋球：topspin service

发下旋球：backspin service

发侧旋球:sidespin service

发平击球:flat service

发正手上旋球:forehand topspin service

发正手下旋球:forehand backspin service

发反手上旋球:backhand topspin service

发反手下旋球:backhand backspin service

发加转球:heavy spin serve

合法发球:good service

接球失误:missed receive

发球失误:missed serve, lose one's serve

发球落网:fall

发球触网:net ball

发球得分:service ace

发短球:short serve

发球未触及本区台面:volleyed service

发近台(削)球:short cut service

发直线球:straight along the table service

发球犯规:fault

发球权:right to serve

底线球:end-line shot, deep ball

高抛式发球:high-toss serve

无遮挡发球:no-hiding serve

不转球:no spin/without spin

高抛球:throw a high ball

抛球:throw the ball

接球:reception

接发球:return of service

摩擦球:brush the ball

擦网好球:net in

擦网出界：net out
奔球：force contact serve
正手发转与不转：forehand spin or non spin serve
正手发左侧上旋球：forehand left side topspin serve
反手发右侧上旋球：backhand right side topspin with serve
反手发急下旋球：backhand fast and heavy backspin
逆旋转发球：reverse—spin serve

二、推挡(Block)

反手挡球：backhand block
推球：block
加力推：accentuated block
反手斜线推挡：backhand cross—court block
挡球回击：block return
推挡回击：push return
推下旋球：backspin block
减力挡：cushion block
快推球：fast block
反手快拨：backhand quick block
推侧旋球：sidespin block

三、攻球(Attack)

正手：forehand
对攻：counter attack
反手对攻：backhand counter attack
直拍近台快攻：close-to-table pen-hold fast attack
正手反攻：forehand counter attack
正手击球：forehand stroke
正手进攻：forehand attack

近攻：close attack
平抽球：flat drive
正手快攻：forehand fast attack
正手远攻：forehand far attack
反手攻球：backhand attack
正手拉接：forehand attack return
正手连续攻球：forehand drive continuously
中台正手攻球：middle court forehand attack
拦击：volley
连击：double hit
连续进攻：continuous smashes
侧身步：sideway step
侧身抢攻：sideway attack
侧身正手攻球：sideway forehand attack
大力扣杀：hard smash
扣杀：smash
杀高球：smash a high ball
反手突击：backhand flick
反手击球：backhand stroke
反手扣杀：backhand smash
反手突击：backhand assault stroke
反击快球：backswing for fast topspin return
发球抢攻：attack after service
发球抢拉：lifted drive after service
放高球：lob
防守型打法：defensive play
快速旋转打法：speed-and-spin play
快带：fast bringing
推挡变线：change direction of block stroke

搓中突击:assault while pushing stroke
长短结合(的)打法:long and short play
长攻短吊相结合:combine long attack with drop shots
攻削结合:combination of attack and chop
近台快攻:close-table fast attack
抢攻:attack in advance
推挡侧身抢攻:sideway attack after block
左推右攻:backhand block with forehand attack
远台打法:back court play
远台防守:back court defense
远台防守反攻:back court defense with counter attack
正手快点:forehand flip
反手快点:backhand flip
正手快带:forehand slightly force brush contact against drive
反手快带:backhand slightly force brush contact against drive
正手突击:forehand assault
正手中远台攻球:forehand middle and back court drive
正手杀高球:forehand smash lob
正手放高球:forehand lob
正手滑板球:forehand fake drive
侧身正手攻球:forehand drive in sideway step
直拍反手攻球:backhand attack in pen-hold grip

四、拉球(Topspin stroke)

弧圈球:loop
加转弧圈球:high spin loop drive
假弧圈球:dummy loop
拉球(上旋球):topspin stroke
拉弧圈球:drive stroke

拉强旋转弧圈球:lift heavy-spin loop
前冲弧圈球:accelerated loop, fast loop drive
高调弧圈球:high loop
反手拉球:backhand topspin stroke
反手弧圈球:backhand loop
正手快拉:forehand fast topspin stroke
拉加转弧圆球:lift heavy loop
拉前冲弧圈球:lift accelerated loop
正手拉侧旋弧圈球:forehand sidespin loop
反手拉弧圈球:backhand lift loop
反手反撕弧圈球:backhand force brush against loop
直拍反手拉弧圈球:pen-hold backhand loop drive
反手拧拉:backhand twist topspin stroke

五、搓球(Push)

慢搓:slowly push
快搓:fast push
搓转与不转:spin or non-spin push
搓侧旋球:sidespin push
搓球摆短:drop shot push
正手削球:forehand chop
反手削球:backhand chop
搓中突击:sudden drive while exchanging pushes

六、战术(Tactics)

推攻战术:push and attack tactics
拉攻战术:topspin-stroke and drive tactics
削中反攻战术:chop and counter attack tactics
以削为主的战术:tactics mainly based on chops

发球抢攻战术：attack after service tactics
接发球抢攻战术：receive attack tactics
搓攻战术：push and attack tactics

七、步法(Footwork)

单步：one step
滑步、并步：side step
交叉步：cross step
小碎步：quick short step
跳步：hop step
侧身步：sideway step

八、综合(Synthesis)

国际乒乓球联合会(ITTF)：International Table Tennis Federation
国际乒乓球赛：International Table Tennis Competition
世界乒乓球锦标赛：World Table Tennis Championships
世界杯：World Cup
亚洲乒乓球锦标赛：Asian Table Tennis Championships
亚洲乒乓球联合会：Asian Table Tennis Federation
亚洲乒乓球联盟：Asian Table Tennis Union
亚洲杯：Asian Cup
欧洲乒乓球联盟(EITU)：Europe Table Tennis Union
中国乒乓球协会：China Table Tennis Association
乒乓球外交 Ping-pong Diplomacy
反手直线球：back straight
连续对打：sustained rally
挥拍：swing
挥拍的幅度：amplitude of swing
挥拍路线：path of swing

挥拍速度:speed of swing
回球失误:make a faulty return
向前挥臂:swing the arm forward
向前挥拍:forward swing
快准狠变:speed, accuracy, aggressiveness and variation
削攻结合型运动员:chop and attack player
防守型选手:defensive player
攻击式选手:attacking player
混合双打运动员:mixed-doubles player
全能型选手:all-around player
近台防守型选手:close table defensive player
凶狠弧圈型打法选手:power looper
同伴:partner
下旋:backspin
急球:fast ball
急推球:quick return
擦边球:edge ball
中路球:middle ball
界内球:inside ball
追身球:bodyline ball
多球训练:multi-ball practice
正面:front
正确执拍:orthodox grip
不执拍手:free hand
执拍手:racket hand
直拍握法:pen-hold grip
横拍握法:shake-hand grip
左手执拍者:left-hander
右手执拍者:right-hander

攻击点:attack point
攻击型打法:offensive play
抖腕:shake the wrist
击球:stroke
击球部位:striking spot on the ball
击球出界 hit off the table
击球次序:batting order
打法:play
击触网球:catch a net
控制落点:control placement
深握:deep grip
台内阻挡:interface
站位:position
站位次序:order of position

九、器材和场地(Equipment and court)

球:ball
赛璐珞(乒乓球):celluloid
球拍:bat/racket
拍身:blade
拍柄:handle
拍面:face of racket
球拍反面:reverse side of racket
球拍套:racket case
球拍底板:veneer
硬胶球拍:hard glue racket
反胶球拍:reversed glue racket
双面胶球拍:double glue racket
橡胶拍:rubber bat

长胶球拍:long rubber racket

海绵:sponge

胶皮清洁器:rubber cleaner

覆盖物:covering

胶皮:rubber

反胶(套胶):inverted rubber

正胶:short pimps rubber

海绵胶:sponge rubber

合成胶:synthetic rubber

颗粒胶:pimpled rubber

防弧胶:anti-spin rubber

正胶海绵拍:outward pimpled rubber

反胶海绵拍 inward pimpled rubber

挡板:blocking board

发球正中线:serve the midline

发球员的右半边:server's right half court

球台端线:front edge of table

计分器:score indicator

网:net

网架:net brace

网柱:pole

比赛:match

范围:range

比赛场区:playing area

比赛厅:playing hall

台面:playing surface

近台:close to table

中台:middle court

远台:back court

全台:full court
右半台:right half court
左半台:left half court
接球员的右半区:receiver's right half court
接球员的左半区:receiver's left half court

十、裁判用语(Terms for referee)

裁判长:referee
裁判组长(主裁判):chief umpire
副裁判长:deputy referee
裁判员:umpire
检录长:chief recorder
检查员:inspector
教练员:coach
运动员:player
发球员:server
接球员:receiver
单打:singles
双打:doubles
男子单打:men's singles
男子双打:men's doubles
男子团体:men's team
女子单打:women's singles
女子双打:women's doubles
混合双打:mixed doubles
女子团体:women's team
选拔赛:selection league tournament
半决赛:semi-final
配对(双打):pairing

团体比赛：team games

局胜制：best of games

11分制：11 point scoring system

决胜球：deciding ball

决胜局(比赛)：deciding game

种子选手：seeds

轮换发球法：expedite system

主队队员抽签代号：ABC

客队队员抽签代号：XYZ

得分：point

二平：two all

各胜一局：one game each

换发球：change service

交换方位：change ends

交换场地：change sides

合法还击：good return

选边和发球：choice of ends and service

擦边球：edge ball

擦网：net

警告：warning

静止：station

开始：beginning

停：stop

暂停：pause

选择：select

失误：fault

拦击：volley

连击：double hit

上边缘：top edge

练习两分钟:practice two minutes

手扶台面:hand on table

球台移动:move table

有效发球:good service

准备,发球:ready, serve

边线:side line

端线:end line

中线:center line

球破裂:broken ball

次序错了:wrong order

轮换发球:alternate serve

换发球(单打):change of service

出界:out

触网球:net-ball

触网柱:touch pole

时间限制:time limit

三局两胜:best of three games

还有一分钟(离开始比赛):one minute left

上场:ready to play

淘汰制:knock-out system

循环赛:round robin

局:game

向上:upwards

近似垂直:approximately vertical

下降的:descending

越过或绕过:over or around

局点:game point

决胜点(赛点):match point

第二节　常用句型
（Common Sentence Patterns）

一、出勤(Attendance)

Who is absent?
谁没有到?

What's the matter with him?
他怎么了?

Do you know where he is?
你知道他在哪儿?

I have no idea where he is.
我不知道他在哪里。

I'm afraid he can't come today.
恐怕他今天不能来。

He doesn't fell well.
他觉得身体不大舒服。

You are late again today.
你今天又迟到了。

Why are you often late for class?
你为什么上课经常迟到?

You have been five minutes late.
你今天迟到五分钟。

Don't be late again next time.

下次不要迟到。

Enter the rank. We can start now.
入列。我们现在开始上课。

Silence, please. I'm going to call the roll.
请安静！我要点名了。

Let's get started!
我们可以开始了。

二、互相介绍(Introductions)

Allow me to introduce myself.
请允许我自我介绍。

My name is Wang Hai.
我的名字叫王海。

I come from the College of Sports and Health of SBS.
我来自上海商学院体育健康学院。

I'm your teacher for table tennis lesson.
我是你们的乒乓球老师。

Let me introduce Shi Tao, captain of your table tennis team.
让我来介绍我们的乒乓球队长石韬。

We've been looking forward to meeting the new teacher for table tennis lesson.
我们一直盼望见到乒乓球课的新老师。

三、队形操练(Terms used for formation drills)

Attention!
立正！

Halt!

立定!

At ease!

稍息!

Call the roll! Eyes front! Eyes right!

点名! 向前看! 向右看齐!

Fall in!

集合!

Dismiss!

解散!

Hold your position! All present!

原地不动! 全到!

Out of ranks! Into the rank!

出列! 入列!

Line up!

整队!

In two lines (ranks).

两路纵队(两列横队)! 站

Extend! Make room (Keep space).

散开! 保持距离。

Guide on Li Jun! Guide Centre! Face about!

以李军为基准向中(前)看齐! 向后转!

Forward march! Double (time) march!

齐步走! 跑步走!

Left turn! Right turn! About turn! One step forward!

向左型！向右转！向后转！向前一步走！

Number off!
报数!

By twos number!
一、二报数!

Single rank split! Make twos, fall in!
一列横队成两列横队走!

Keep space on both sides!
保待两边的距离!

Please stand at the end of the line!
请站队尾!

Listen carefully to my commands.
请注意我的口令。

四、准备活动(Warming up)

Let's do the warming-up together.
我们一起做准备活动。

First, Let's do jogging.
首先,我们来慢跑。

Arms forward (raise)!
两手前平举!

Arms sideways!
两手侧平举!

Head stretch!
头部运动!

Neck stretch!
颈部运动!

Shoulder stretch!
肩部运动!

Waist stretch!
腰部运动!

Hip stretch!
髋部运动!

Knee stretch!
膝部运动!

Ankle stretch!
踝部运动!

Chest stretch!
扩胸运动!

Easy run!
放松跑!

Standing hamstring stretch!
压腿!

Hip flexor stretch!
弓箭步压腿!

Adductor stretch!
仆步压腿!

五、课前内容引导(Pre-class content guidance)

Today, we are going to learn serving.
今天我们要学习发球技术。

First, I'd like to introduce the new rules of table tennis to you, and then show you how to serve.

我会先向你们介绍乒乓球新规则,接着给你们讲解如何发球。

Today we are mainly learning returning serve.

今天我们主要学习接发球。

First, we shall spend ten minutes in footwork.

我们先用十分钟练习步法。

Next, you will continue with serving.

然后继续练发球。

What I shall explain is the basic ways of serving.

我要讲解的是发球的基本方法。

The main task of this lesson is to get command of the classification of table tennis tactics.

本课的主要任务是掌握乒乓球的战术分类。

The key points of the unit are the history of table tennis.

该单元的主要内容是乒乓球的历史。

It is well known that table tennis is the national game of China.

众所周知,乒乓球是中国的国球。

Many foreign players and coaches have come to China to learn experience.

很多外国球员和教练员都来中国深造。

六、动作示范(Action demonstration)

Counter-drive 30 times.

对攻 30 次。

Watching my serving, and then do the same.

看我发球,然后照做。

Who would like to be the first one to try?

谁愿意第一个来试一试?

Watch my demonstration of the movement closely.

请仔细观看我的动作示范。

Before you serve, let me tell you how to do it.

发球前,让我告诉你们怎么做。

Let me explain the trick for serving.

我要说一说发球的技巧。

Let me explain the key point of backhand block:

我讲解一下反手推挡球的关键动作要领。

Ready position.

选位。

Feet shoulder width apart or wider.

两脚开立略比肩宽。

Feet staggered, right foot slightly behind left.

两脚稍分前后,左脚在前右脚在后。

Knees bent.

膝盖稍弯。

Weight on forefoot.

重心在前脚上。

Backswing.

引拍。

Bring racket back to right side of body.

将球拍引至身体右方。

Racket in open position to allow it to contact bottom of ball.

球拍后仰，确保能击球底部。

Racket contacts ball when the ball begins to descend from top of bounce.

在来球的下降期，球拍触球。

Racket contacts ball below balls center.

击球的中下部。

Follow-through.

（挥拍）跟随。

Return to ready position.

迅速还原成准备姿势。

七、要求（Requesting）

Please do what I have told you.

请按我说的做。

First，do exercises for five minutes.

练习五分钟。

Go on doing push stroke five minutes，please.

继续做五分钟推球练习。

Does anyone want to give us a demonstration?

有人愿意给我们做个示范吗？

Who wants to repeat the action again?

谁愿意把这个动作再重复一遍？

Would you like to try it?

你愿意试一下吗？

Could you help me pick up the ball?

你能帮我捡球吗？

Would you come to the front, Huang Guo Feng?

黄国锋到前边来，好吗？

Can you tell me how to push stroke again?

你能再说一遍怎么推球吗？

Try to practice push stroke after class.

课后尽可能练习推球。

Would you mind relaxing more?

请放松些可以吗？

Please respect others!

请尊重他人！

Be quick! Be quiet! Be neat!

快！静！齐！

Let's have a game!

我们来做个游戏！

Who can help him?

谁能帮他？

Don't disturb others!

不要干扰他人！

Come out! Go back!

出来！回去！

Watch me first, and then follow me.

先看着我做，然后模仿。

Watch me do this movement.
看我做这个动作。

Let's watch him do sidestep and point out his weak points.
我们注意看他做并步，并指出他的不足之处。

Don't shake body, do it like this.
身子不要摇晃，这样做。

The right way to serve is like this.
发球的正确方式是这样的。

Come out to the front and show everybody else.
到前面来，做给大家看。

Please do the movement by the numbers.
按口令做这个动作。

Do combination exercises in twos.
两人一组，成对做组合练习。

Be divided into 4 groups, each group of 4 people.
分成 4 个组，每组 4 人。

Practice to servc by groups.
分组练习发球。

Do drills collectively/individually/in turn.
集体/单人/轮流做练习。

Practice serving in the same way as last time.
用与上次一样的方法练发球。

We shall divide into two teams to play team games next time.
下次我们将分成二队打团体赛。

八、建议(Advice)

It would be much perfect if you can keep your body more balanced.

如果你能使身体平稳些,那就更好了。

It would be more correct to snap your forearm.

收小臂就更正确了。

I think you ought to repeat block exercises several times.

我认为你应该做几遍推挡练习。

I think that you should go to review yesterday's movements.

我觉得你应该去复习昨天的动作。

Why don't you come here earlier?

你为什么不早一点来?

Why not discuss this table tennis tactic?

为什么不讨论这个乒乓球战术?

You may serve in tum.

你们可以轮流发球。

You can leave the racket on the table.

你们可以把球拍放在桌上。

Let's finish this part next time.

让我们下次把这部分完成。

Let's try serving.

我们来试着发球。

How about you coming out and trying?

你出来试一试怎么样?

I suggest that you learn the foot steps first.
我建议你先学习步法。

You might as well demonstrate it now.
你现在不妨示范一下。

You might as well grasp the basic skills first.
你们不妨先掌握基本技术。

Try not to lift your hand too high.
不要把手抬得太高。

Could you please be not talking in class?
不要在课堂上说话好吗?

Please mind what I am going to tell you.
请注意我要告诉你们的事情。

Listen to what I am saying.
听我讲。

The purpose of the game is for you to develop agility.
这个游戏的目的是培养你们的灵敏性。

Completely relax your muscles.
完全放松你的肌肉。

Turn waist to the right.
腰向右转。

Jump up and down.
上下跳。

Shift weight forward.
重心前移。

Weight moves onto right leg.

重心移至右腿。

Power should be focused at wrist.
手腕发力。

Keep your body and mind relaxed.
身心放松。

Please concentrate your attention.
请集中注意力。

Be spirited, relax the whole body.
精神饱满,全身放松。

Raise your head.
抬头。

Look forward.
向前看。

九、鼓励(Encouragement)

Good job!
干得不错!

Fine!
很好!

Excellent!
优秀!

That's right!
对了!

Well done!
做得很好!

That's quite right!

非常好!

That's very good!

那很好!

You did it well!

你做得很好!

You have improved your table tennis skill.

你已经提高了乒乓球技术。

That's much better.

好多了。

You have make a lot of progress.

你取得了很大进步。

Not exactly. Would you try it again?

不够准确,再来一次好吗?

Good try, but not quite right.

很好的尝试,但不完全正确。

Almost right.

差不多对了。

Push stroke skills need improvement.

推球技术需要改进。

Take it easy!

别着急。

Go on! Have a try.

继续下去,试试看。

Don't worry! I will help you.

别担忧，我会帮助你。

Never mind, you can do the action well.
没关系，你能做好这个动作。

十、课堂总结(Classroom summary)

There are still five minutes left.
还有五分钟。

You will have to finish the drill in a minute.
你们必须在一分钟内完成练习。

I'm afraid it's time to finish now.
恐怕现在该结束了。

Stop now! You may have a rest.
现在停止练习！你们可以休息一下。

All right! You can finish now.
好，你们现在可以完成了。

That's all for today! Dismiss!
今天就到这里！解散！

I'd like to sum up the course in one sentence.
我想用一句话概括这节课。

I shall summarize what we have learnt today.
我将概括一下我们今天所学的东西。

Let me make a summary!
让我来做一个总结！

Today we have learnt how to play push stroke.
今天我们学习了如何推球。

I shall repeat what we have learnt this time.
我重复一下这次学过的内容。

Finally, I want to stress the following points.
最后，我想强调下列要点。

Your movements are still not quite correct.
你们的动作还不太正确。

Some of you haven't got perfect movements.
有一些人动作还不够完美。

You need some more practice on these actions.
你需要把这些动作多做几遍。

You have a very good serving skill.
你的发球技术非常好。

You have done a good job at this part.
你们这个部分学的不错。

Please remember what I said today.
请记住我今天讲的内容。

Don't forget your sports shoes next time.
下次别忘记穿运动鞋。

What we shall learn next is looping.
下一次我们将学习拉弧圈。

We'll go on with serve next class.
下次课我们继续学习发球。

Please get ready before class.
请在课前做好准备。

If you have any questions, we can discuss them later.

如果你们有什么问题，我们可以稍后讨论。

We still have a couple of minutes left.
我们还有几分钟的时间。

I shall sum up the key points of the lessons.
我来总结本课的要点。

As time is limited, I only point out one: All of you have done a good job today.
由于时间有限，我仅说明一点：今天你们学得都不错。

思考题

1. 请用英语介绍一下你的乒乓球技术风格和打法特点。
2. 请用英语总结一下自己的乒乓球技术不足之处。
3. 请用英语说出乒乓球的世界三大赛事名称。

主要参考文献

[1] 全国体育学院教材委员会. 乒乓球[M]. 北京:人民体育出版社,1992.

[2] 王海燕,姜来. 乒乓球教程[M]. 北京:化学工业出版社,2017.

[3] 何阳. 乒乓球汉英双语教程[M]. 长沙:中南大学出版社,2014.

[4] 王艳,佘竞妍. 乒乓球运动基础教程[M]. 上海:同济大学出版社,2022.

[5] 程云峰,张虹雷. 乒乓球运动[M]. 杭州:浙江大学出版社,2015.

[6] 国家体育总局青少年体育司,国家体育总局乒乓球羽毛球运动管理中心编. 乒乓球[M]. 北京:人民体育出版社,2018.

[7] 李浩松. 乒乓球技战术与训练之二——双打[M]. 北京:人民体育出版社,2002.

[8] 赵岩. 青少年乒乓球入门教程[M]. 北京:人民邮电出版社,2022.

[9] 王吉生等. 乒乓球启蒙训练[M]. 北京:人民体育出版社,2020.

[10] 王道俊,郭文安主编. 教育学(第七版)[M]. 北京:人民教育出版社,2016.

[11] 全国体育院校教材委员会审定,运动训练学[M]. 北京:人民体育出版社,2000.

[12] 陈小华,黄莉芹. 青少年乒乓球运动员体能训练[M]. 武汉:中国地质大学出版社,2010.

[13] 刘建和. 乒乓球教学与训练[M]. 北京:人民教育出版社,2008.

[14] 中国乒乓球协会. 乒乓球竞赛规则[M]. 北京:北京体育大学出

版社,2022.
[15] 陈洋,侯英超. 图解乒乓球训练:技战术与体能训练 200 项(视频学习版)[M]. 北京:人民邮电出版社,2023.
[16] 程嘉炎. 球类运动竞赛法[M]. 北京:人民体育出版社,2003.
[17] 岳海鹏. 乒乓球打法与战术[M]. 北京:人民体育出版社,2002(18).
[18] 张力为,任未多. 体育运动心理学研究进展[M]. 北京:高等教育出版社,2000.
[19] [美] 约翰·拜尔. 组织成功的竞赛[M]. 高赞译. 北京:人民体育出版社,2000.
[20] 杨世勇等编著. 体能训练学[M]. 成都:四川科学技术出版社,2002.
[21] 冯连世等主编. 优秀运动员身体机能评定方法[M]. 北京:人民体育出版社,2003.
[22] 马启伟,张立为. 体育运动心理学[M]. 杭州:浙江教育出版社,1998.
[23] 全国体育学院教材委员会审定. 运动心理学[M]. 北京:人民体育出版社,1988.
[24] 王新胜,顾玉飞. 竞技心理训练与调控[M]. 北京:北京体育大学出版社,2002.
[25] 邱宜均. 运动心理诊断学[M]. 北京:中国地质大学出版社,1990.
[26] 邵斌,吴南菲. 大赛前高水平运动员心理压力的成因研究[J]. 上海体育学院学报,2003(3).
[27] [苏] A. B. 罗季奥诺夫. 高级运动员的运动心理学[M]. 袁晋纯,李惠青译. 武汉:武汉体育学院科研处,1980.
[28] [苏] 约翰·赛尔克里斯托弗·康沃里. 运动员心理训练指南[M]. 北京:人民出版社,1990.
[29] 祝蓓里,季浏. 体育心理学[M]. 北京:高等教育出版社,2000.

[30] 周京兰,李莉. 乒乓球竞赛过程的心理分析[J]. 哈尔滨体育学院学报,1999(2).
[31] 燕国材,马家乐. 非智力因素与学校教育[M]. 西安:陕西人民教育出版社[M]. 1992.

图书在版编目(CIP)数据

乒乓球/荣敦国,王海主编. --上海:复旦大学出版社,2025.1. --(普通高校公共体育系列教程).

ISBN 978-7-309-17744-2

Ⅰ. G846

中国国家版本馆 CIP 数据核字第 2024QY0986 号

乒乓球

荣敦国　王　海　主编

责任编辑/胡春丽

复旦大学出版社有限公司出版发行

上海市国权路 579 号　邮编:200433

网址:fupnet@fudanpress.com　http://www.fudanpress.com

门市零售:86-21-65102580　团体订购:86-21-65104505

出版部电话:86-21-65642845

苏州市古得堡数码印刷有限公司

开本 890 毫米×1240 毫米　1/32　印张 7.875　字数 211 千字

2025 年 1 月第 1 版

2025 年 1 月第 1 版第 1 次印刷

ISBN 978-7-309-17744-2/G · 2649

定价:68.00 元
